○●○○●

需求按最短路运输的取送路径问题研究

漆昕 熊坚 著

西南交通大学出版社
·成 都·

图书在版编目（CIP）数据

需求按最短路运输的取送路径问题研究 / 漆昕, 熊坚著. -- 成都：西南交通大学出版社, 2025.7.
ISBN 978-7-5774-0417-2

Ⅰ．F252.1

中国国家版本馆 CIP 数据核字第 20253MV101 号

Xuqiu An Zuiduanlu Yunshu de Qusong Lujing Wenti Yanjiu
需求按最短路运输的取送路径问题研究

漆昕　熊坚　著

策划编辑	黄庆斌　黄淑文　周　杨
责任编辑	周　杨
助理编辑	卢韵玥
责任校对	左凌涛
封面设计	GT 工作室
出版发行	西南交通大学出版社
	（四川省成都市金牛区二环路北一段 111 号
	西南交通大学创新大厦 21 楼）
营销部电话	028-87600564　028-87600533
邮政编码	610031
网　　址	https://www.xnjdcbs.com
印　　刷	成都蜀通印务有限责任公司
成品尺寸	170 mm × 230 mm
印　　张	12.5
字　　数	179 千
版　　次	2025 年 7 月第 1 版
印　　次	2025 年 7 月第 1 次
书　　号	ISBN 978-7-5774-0417-2
定　　价	58.00 元

图书如有印装质量问题　本社负责退换
版权所有　盗版必究　举报电话：028-87600562

PREFACE 前 言

取送货问题或称取送路径问题(Pickup and Delivery Problem, PDP)广泛存在于运输组织领域。尤其是其子问题一对一 PDP(One-to-one PDP, OPDP),研究的是如何对路网节点间不可相互替代的需求进行合理运输,在旅客运输组织领域具有重要的应用价值。在出租车调度和列车开行方案编制等应用中,需求还要求被按最短路径运输,该问题称为需求按最短路运输的 OPDP(OPDPST),可描述为:在一个连通图中,车辆从初始位置出发运输取送点对需求,在运输过程中需求要求按最短路运输,问题的优化目标是通过合理安排车辆的路径方案,在满足上述约束条件的前提下获得最大的收益。本书围绕实际问题中常见的 3 种运输模式对 OPDPST 展开研究。

全书分为 7 章,其中第 3 章至第 6 章是本书的核心章节。第 3、4、5 章分别研究路径结构、模型、路径结构与求解方法;第 6 章对相关理论进行验证,探究该理论在运输组织领域应用的可行性。

本书的研究源自博士生导师符卓教授的国家自然科学基金项目和华东交通大学博士科研启动金项目。在研究过程中,根据需求按最短路运输的实际应用需要对车辆路径问题进行拓展研究,旨在进一步丰富车辆路径问题理论研究体系,为路网型交通运输组织类问题求解提供一个新的参考思路。

本书的完成及出版需要感谢的人很多。首先，非常感谢导师符卓教授在本人研究路上的指引，没有导师为我们在车辆路径问题方面打下的研究基础，就没有本书的成果。其次，十分感谢中南大学交通运输工程学院相关老师的指导和支持。最后，特别感谢家人对我多年来的支持和帮助。还要感谢江西省教育厅科技重点项目基于车辆路径问题理论的高速铁路网旅客列车开行方案优化研究（GJJ2200604）的资助。感谢引用的相关参考文献的作者打下的研究基础，以及西南交通大学出版社编辑们的帮助和支持。

　　本书的研究成果可为求解网约车调度方案优化等路网型交通运输组织问题提供理论基础。将上述理论成果融入实际应用还有很长的路要走，期待与读者们多交流，为相关理论和应用的研究贡献自己的一份力量。

　　由于水平有限，不足之处在所难免，恳请读者批评指正。

作　者
2024 年 9 月

缩略词说明

缩略词	意 义
VRP	Vehicle Routing Problem, 车辆路径问题
PDP	Pickup and Delivery Problem, 取送货问题或称取送路径问题
OPDP	One-to-One PDP, 一对一 PDP
DARP	Dial-A-Ride Problem, 电话约车问题
OPDPST	OPDP with Shortest-path Transport, 需求按最短路运输的 OPDP
OPDPSTCP	OPDPST based on Connected-graph Path, 基于连通图路径 OPDPST
PD-pair	Pickup and Delivery pair, 取送点对需求
RSF	Route Structure Feasible, 路径结构可行
RSFJPI	Route Structure Feasibility Judgement Parameter of Inserting, 插入路径结构可行判断参数
RSFJMI	Route Structure Feasibility Judgement Matrix of Inserting, 插入路径结构可行判断矩阵
RSFJPC	Route Structure Feasibility Judgement Parameter of Combining, 合并路径结构可行判断参数
RSFJMC	Route Structure Feasibility Judgement Matrix of Combining, 合并路径结构可行判断矩阵
VND	Variable Neighborhood Descent, 变邻域下降算法
VNS	Variable Neighborhood Search, 变邻域搜索算法
MS_VND	Multi-Start VND, 多起点 VND
MS_VNS	Multi-Start VNS, 多起点 VNS

CONTENTS 目 录

第 1 章 绪　论 ·· 001
　　1.1　选题背景与研究意义 ··· 001
　　1.2　研究内容及研究思路 ··· 003
　　1.3　主要创新点 ··· 006

第 2 章 PDP 的研究现状 ·· 007
　　2.1　VRP 的概述 ·· 007
　　2.2　PDP 的一般描述 ·· 014
　　2.3　PDP 的主要类型 ·· 015
　　2.4　PDP 的常用求解算法 ·· 023
　　2.5　DARP 的研究现状 ··· 025
　　2.6　小　结 ··· 030

第 3 章 OPDPST 的来源及路径结构研究 ·· 032
　　3.1　图和路径的相关概念 ··· 032
　　3.2　传统 OPDP 的描述、模型及路径结构 ··· 035
　　3.3　OPDPST 的来源 ··· 037
　　3.4　OPDPST 的路径结构 ··· 039
　　3.5　小　结 ··· 051

第 4 章 OPDPST 建模、求解研究及应用前景分析 ····································· 052
　　4.1　问题描述及模型 ··· 052
　　4.2　OPDPST 算例设计及精确算法计算结果 ·· 058
　　4.3　OPDPST 各类模型的解特征和应用前景分析 ·································· 071
　　4.4　小　结 ··· 077

第 5 章　OPDPSTCP 模型、路径结构可行理论、
　　　　 启发式算法设计及算法研究 ……………………………… 078
　　5.1　问题描述及模型 ………………………………………………… 078
　　5.2　基于连通图路径 OPDPST 的路径结构可行理论 …………… 084
　　5.3　启发式算法设计 ………………………………………………… 089
　　5.4　基于连通图路径 OPDPST 算例设计及计算结果 …………… 109
　　5.5　小　结 …………………………………………………………… 120

第 6 章　基于 OPDPST 理论的网约车调度问题仿真研究 ………… 121
　　6.1　案例背景、现有模式及待深入研究的问题 …………………… 121
　　6.2　静态网约车调度案例验证 ……………………………………… 125
　　6.3　动态网约车调度案例验证 ……………………………………… 132
　　6.4　小　结 …………………………………………………………… 140

第 7 章　OPDPST 的总结与展望 ……………………………………… 142
　　7.1　OPDPST 主要研究工作及贡献 ………………………………… 142
　　7.2　对 OPDPST 的展望 …………………………………………… 146

参考文献 …………………………………………………………………… 148
附录 A　PD-pair 间和 PD-pair 与车辆间关系的相关参数 …………… 168
附录 B　OPDPST 和 OPDPSTCP 算例数据 ………………………… 174
附录 C　路径结构可行规则相关理论证明 ……………………………… 175
附录 D　VND，VNS，MS_VND 和 MS_VNS 的算法参数标定 …… 178
附录 E　网约车调度问题案例数据及优化结果 ………………………… 191

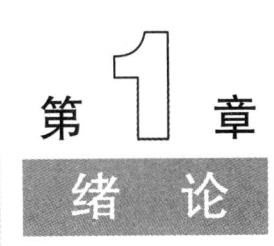

第 1 章 绪 论

1.1 选题背景与研究意义

交通是能源消耗的大户，占总能源的 31.0%。在各种交通工具中，汽车排放的温室气体最多[1]。据 Fischedick 等[2]研究发现，目前交通因素引发的温室气体的排放量是 1970 年的两倍，且增长迅速，23.0%的 CO_2 排放来源于交通因素。随着人口和个人出行活动的增加，交通拥堵成为现在交通系统面临能源有限的形势下又一亟待解决的问题，尤其在大都市地区交通拥堵已成为严重的问题。现代社会中低效的交通会引发经济和环境问题，严重的交通拥堵导致资源的浪费和大量的污染。新一代的交通系统积极地寻求更为便利、环保、可持续发展的需求管理策略和交通控制方法。以网约车（广义出租车的一种，如滴滴出行等）拼车为例，拼车旨在减少车辆中空置的座位，从而减少交通所需的车辆数和燃油的消耗，为实现城市交通的绿色可持续发展作出贡献。根据 Eggers 和 Macmillan[3]的研究，如果全美国 15.0%的单独驾驶转为拼车出行，能够节省 7.6 亿小时的通勤时间和 210.0 亿美元因交通拥堵带来的经济损失。

城市中大量的出行者根据不同的目的制定各自的出行计划，除了使用私家车出行，出行者还可以提前数分钟或者一天预约出租车辆，然而这种形式的服务往往需要花费出行者一定的车辆和乘客匹配等待时间，尤其在预约需求密集区域，匹配方案更加复杂。目前，一些实时约车服务系统，如滴滴出行等在城市中逐渐兴起。在这些系统中允许乘客自由选择独乘和拼车两类方案。其中高效的拼车服务能更有效地利用有限的车辆和司机资源向乘客提供快速的、点到点的交通运输服务。拼车可以直接使乘客受益，尤其当出行高峰期供给车辆数不能满足交通需求时，能有效减少乘客等待车辆的时间和交通出行的费用。智能自动优化的拼车系统可以降低司机的决策压力和开行成本，增加用车方式的灵活性，提高安全性和燃油利用率，减少道路的拥堵，从而降低交通运输的能源消耗和碳排放。

拼车问题的本质就是确定乘客和车辆的合理匹配方案，并给出每辆车合理的运输路径。拼车问题有多种类型，大多数是为了拼车的高效化或者公共交通运输方案的优化，Furuhata 等[4]综述了拼车系统优化的研究进展，对各类新兴的拼车问题进行了系统分类，并分析其面临的挑战，该问题的难点就在于服务价格的确定和乘客的匹配。Agatz 等[5]综述了乘客匹配的优化模型，指出该问题还有很大的研究空间。拼车问题的本质就是一种带取送作业的车辆路径问题（Vehicle Routing Problem with Pickups and Deliveries，VRPPD）[6]，VRPPD 问题一般也称作取送货问题或取送路径问题（Pickup and Delivery Problem，PDP）。

在一般的 PDP 中，取送点间需求的来源及去向有很多可能，如需求来自车场或客户点，要求送往其他的客户点或送回车场，客户点既可是取点也可是送点，取送的对象可以是一种在取送点间可替代的需求，也可以是多种不可相互替代的需求。拼车问题属于后者，属于一对一 PDP（One-to-one PDP，OPDP），研究的是需求从一个客户点送至另一个客户点，且取送需求与其他取送点间的需求不可相互替代，每一个需求的取点和送点是一一配对的，称作取送点对需求（Pickup and Delivery Pair，PD-pair），每个点上可能有取或送的需求，或者两者兼而有之。构建车辆行驶路线时要求必须先访问取点后访问送点，但不要求一定通过最短路径运输需求。

然而，在现实生活中，如在网约车拼车问题中，绕道行驶会给乘客带来延误和不便。因此，本书提出了一种新的 OPDP，称为需求按最短路运输的一对一取送路径问题（OPDP with Shortest-path Transport，OPDPST）。

尽管为了系统最优，绕道接取额外的乘客可以提高车辆上座率，从而提高收益[7]，但愿意绕路的司机和乘客的数量都只占很小的比例。在实际运输活动中，客户为了缩短送达时间，降低成本，往往希望每一个需求都能尽可能地沿着最短的路径运输，这是旅客出行的一个重要期望乃至明确要求，但常常没有得到充分满足。随着运输方式的多样化和运输市场竞争的白热化，在制订运输方案时，满足旅客的需求对提高运输企业的竞争力越来越重要。

OPDPST 涉及以下常见现象，实际连通图中有数个 PD-pair 和车辆，每辆车根据乘客或托运人的要求，沿着从取点到送点间的最短路径运输每个选定的 PD-pair。需要考虑车辆的运载能力、运行距离和停站次数等一些约束条件。运输组织者通过合理运载上述 PD-pair，实现总收益最大或者总成本最小。该问题可以通过引入一组最大收益或者最小成本的车辆路径方案来解决。在这些路径方案中，由一组车队服务一组已知的 PD-pair。为了改进解的质量和提高求解效率，满足大规模路网中的实际运输组织应用需要，本书将研究 OPDPST 的新数学模型和求解方法，通过合理匹配需求与车辆，规划好车辆的路径，实现运输效率最大化。

OPDPST 的研究有利于丰富车辆路径问题的理论体系，在路网型公共交通运输领域中的应用前景较大，对减少交通所需的车辆数和燃油的消耗，实现交通绿色可持续发展的意义重大。

1.2　研究内容及研究思路

1.2.1　研究内容

本书的结构安排如下：

第 1 章介绍在绿色可持续发展背景下取送路径问题的研究意义，并列出全书的结构安排和研究思路。

第 2 章对取送路径问题进行综述，分析车辆路径问题和取送路径问题的特征和分类，总结取送路径问题的研究现状和常用求解算法，作为之后研究的参考。

第 3 章分析传统一对一取送路径问题（OPDP）的路径结构，根据实际应用背景提出一种新的需求按最短路运输的 OPDP（OPDPST），分析该问题中的 3 种车辆运输模式，研究其路径结构特征，并采用新的基于 PD-pair 间和 PD-pair 与车辆间连接关系的方式对该问题的路径构造及表示方法进行研究，为后面的研究打下理论基础。

第 4 章基于前面所研究的路径结构理论采用新的基于 PD-pair 间和 PD-pair 与车辆间连接关系的表示方法对 OPDPST 进行建模研究，并采用精确算法软件 Gurobi 进行算例求解，进而比较该问题采用 3 种不同车辆运输模式下各类模型解的特征，并分析各类模型的应用前景。

第 5 章根据实际应用特点对基于连通图路径 OPDPST（OPDPST based on Connected-graph Path，OPDPSTCP）展开研究，针对该问题的特点提出 5 种新的邻域变换方法，并据此研究该问题的路径结构可行理论以提高邻域变换的成功率，最后针对问题的特点基于传统变邻域下降（Variable Neighborhood Descent，VND）算法和传统变邻域搜索（Variable Neighborhood Search，VNS）算法设计 1 种新的多起点 VND（Multi-Start VND，MS_VND）和 1 种新的多起点 VNS（Multi-Start VNS，MS_VNS）来求解该问题，并与传统 VND 和 VNS 进行算法效率的比较。

第 6 章首先分析现有网约车调度问题的应用背景和现状，分析其待深入研究的问题。然后基于前期 OPDPST 相关研究理论成果，对不同拼车运输模式下某城市核心区网约车静态调度和动态调度案例问题进行仿真计算，验证研究成果的有效性。

第 7 章总结全书主要研究内容，并展望 OPDPST 待进一步研究的问题。

1.2.2 研究思路

本书分别从相关文献综述、问题提出及特点分析、运输模式及路径结构研究、模型建立及求解算法设计和应用案例仿真等方面对 OPDPST 进行研究。图 1-1 为全书的研究思路。

第1章 绪 论

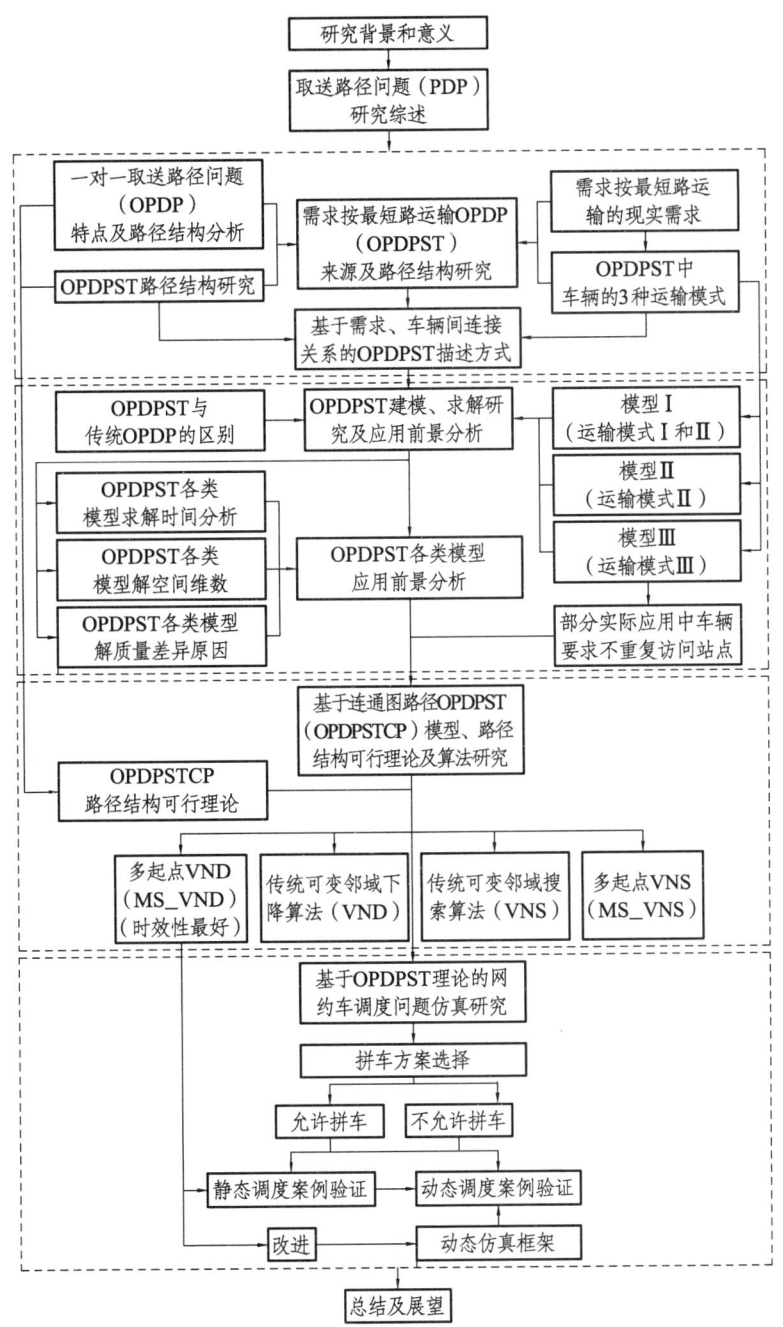

图 1-1 技术路线图

1.3 主要创新点

本书的主要创新点如下：

（1）OPDPST 的提出及其路径结构研究。

结合实际应用背景提出一种新的需求按最短路运输的一对一取送路径问题（OPDPST），该问题的路径结构和传统取送路径问题（PDP）有所不同。针对其需求按最短路运输特点，结合 3 种代表性的车辆运输模式，提出该问题一种新的基于需求间和需求与车辆间连接关系的路径表示方法及构造规则。

（2）各类 OPDPST 模型的建立、求解、解特征及应用前景分析。

基于上述新的路径表示方法，根据不同的车辆运输模式组合建立 3 种类型 OPDPST 的综合模型并采用精确算法软件 Gurobi 进行求解对比。结合算例分析各类模型解空间维数、求解时间和解质量的特征和差异，据此分析其应用前景。

（3）OPDPSTCP 建模和算法研究。

根据应用背景建立基于连通图路径 OPDPST（OPDPSTCP）模型，提出 5 种针对性邻域变换方法并研究 OPDPSTCP 的路径结构可行理论用于提高邻域变换成功率。设计多起点变邻域下降算法（MS_VND）和多起点变邻域搜索算法（MS_VNS）2 种启发式算法，并与传统变邻域下降算法（VND）和变邻域下降算法（VNS）进行求解效率对比。

（4）网约车调度问题案例仿真研究。

结合 OPDPST 的 3 种代表性的车辆运输模式分析网约车调度案例的拼车方案，并基于 OPDPSTCP 模型和 MS_VND 算法的理论成果，分静态和动态两个角度对案例进行仿真求解。

第2章 PDP 的研究现状

取送路径问题（PDP）是车辆路径问题（Vehicle Routing Problem，VRP）的一种常见类型。本章将对 PDP 研究现状进行综述，分析 VRP 和 PDP 的一般特性和种类，总结其常用求解方法和电话约车问题（DARP）的研究现状，作为之后研究的参考。

2.1 VRP 的概述

VRP 也称为车辆调度问题（Vehicle Scheduling Problem，VSP）。自 1959 年由 Dantzig 和 Ramser[8]首次提出以来，因其在实践中的大量应用及研究的挑战性，吸引了来自应用数学、图论与网络分析、计算机科学、运筹学、运输优化等领域广大学者的高度关注，很快成为研究的热点问题，形成一系列较为丰硕的研究成果。近年来，随着计算机软、硬件技术的快速发展，许多学者对其衍生的理论和应用问题进行深入广泛的研究，取得很多新的成果。

1）VRP 的一般描述

基本的 VRP 可描述为：对于现有的若干客户点（取点或送点），通过制定合理的车辆运行路径方案——车辆从车场出发，依次访问各客户点，最终回到车场，在满足装载能力、时间窗等约束条件下，实现总收益最大化或总运输成本最小化。

VRP 的模型包括以下核心要素：路网（Road Network）、顾客（Customer）、车场（Depot）、车辆（Vehicle）和优化目标（Operational Objective）。VRP 问题的类型及模型由以上要素的特性及其之间的关系决定，从而可衍生出不同类型的 VRP。各核心要素的特性可详见潘立军[9]的研究。

2）VRP 的研究类型

Lin 等[10]在对大量传统 VRP 相关研究文献进行全面综述的基础上，提出了绿色 VRP（Green VRP，GVRP）的理念，将传统的优化目标进一步改造为与经济、环境等因素相关的系统成本最优。根据各类型问题提出及开展研究的时间顺序，综述传统意义上各类型的 VRP：带装载约束 VRP、时变 VRP、带取送货 VRP、多车场 VRP、随机 VRP、定位-路径问题、周期性 VRP、动态 VRP、库存-路径问题、多车型 VRP、广义 VRP、多分区 VRP、选址影响 VRP、可拆分 VRP、模糊 VRP、开放式 VRP、多梯队 VRP 等各类型以及带时间窗 VRP 的研究进展。对绿色 VRP 的 3 种类型——基于能源消耗 VRP、基于碳排放 VRP 和逆向物流中 VRP 的算法、研究进展、发展趋势进行较为详细的综述。

Lahyani 等[11]提出富车辆路径问题（Rich Vehicle Routing Problems，RVRP）的概念，研究 VRP 的分类法，针对具有更多现实约束条件的 VRP，分别按照输入信息、车场数和拆分与否等情景特性，以及车辆、时间等物理特性对其进行分类。

Braekers 等[12]综述 2009 年至 2015 年期间 277 篇 VRP 研究的相关文献，较全面地总结了 VRP 的相关影响因素及分类，提出贴近实际应用的 3 类 VRP：开放式 VRP（Open VRP）、动态 VRP（Dynamic VRP）、时间依赖 VRP（Time Dependent VRP）。近年来，学者越来越关注具有现实生活特性和假设的问题，建立的模型和求解结果也更为贴近现实的应用。但由于问题的特定性，许多求解方案及模型为特定问题而设定，不具有通用性，不能求解其他类型的问题。

到目前为止，VRP 已经衍生出几十种不同的类型[13]，这些类型主要

第 2 章　PDP 的研究现状

是在经典的有容量限制的 VRP（Capacitated Vehicle Routing Problem，CVRP）的基础上，进一步考虑在实际运输过程中可能出现的某些情况，通过集成两类或两类以上问题，或考虑额外约束条件，衍生出很多的其他类型的 VRP 问题。比如 Dondo 等[14]分析求解的 VRP 就是一种带时间窗、多车场和多车型的 VRP。以下是常见的 VRP 类型。

（1）单车场 VRP 和多车场 VRP。

根据车辆来自一个车场或多个车场，可以将 VRP 分为单车场 VRP（Single-depot VRP，SVRP）和多车场 VRP（Multi-depot VRP，MVRP）。传统 VRP 基本是 SVRP。Montoya 等[15]对 1984 年至 2014 年 MVRP 的相关研究进行较为全面、完整的综述，按照带时间窗、可拆分、不同车型、周期定时配送、带取送和装载量约束等条件进行分类整理，发现其中 57%的文献运用元启发式算法（Meta Heuristics Algorithm）。Karakatič 等[16]针对遗传算法在 MVRP 中的应用，用标准算例测试比较遗传算法不同操作、运算因子和参数设置的优缺点及计算效率，并与精确算法、其他启发式算法进行比较，为研究人员提供借鉴。

（2）闭合式 VRP 和开放式 VRP。

根据车辆行驶的线路是闭合式或开放式，可以将车辆路径问题分为闭合式 VRP 和开放式 VRP（Open VRP，OVRP）。若运输任务完成后，要求车辆返回出发点，则为闭合式 VRP，即一般意义上的 VRP；若运输任务完成后，车辆需按原路径返回出发点，或无需返回，即为 OVRP。从以上两类问题的特征来看，一般的 VRP 寻求的是满足需要的哈密顿图，而 OVRP 寻求的是满足需要的哈密顿路径，因此求解一般 VRP 的算法无法直接被用来解决 OVRP。Şevkli 等[17]基于 VNS 设计多阶段的振荡扰动算法，求解现实生活中的大规模报纸配送的 OVRP。Marinakis 等[18]采用一种模拟蜂群交配行为的群体智能算法求解 OVRP。Norouzi 等[19]采用一种多目标粒子群（Particle Swarm Optimization，PSO）算法求解时间窗与收益相关的 OVRP。MirHassani 等[20]也采用一种 PSO 求解 OVRP。Li 等[21]总结 OVRP 的相关研究成果，并用记录旅行算法求解 OVRP。Fu 等[22]研究设计一种禁忌搜索法用于求解带装载能力约束的 OVRP。

(3) 单车型 VRP 和多车型 VRP。

根据车型选用情况，可将 VRP 分为单车型 VRP 和多车型 VRP（Heterogeneous VRP，HVRP）。传统 VRP 中设定车辆具有相同的型号，即车辆的装载能力、行驶距离限制、固定使用成本和单位距离运输成本均相同。而 HVRP 中使用的是不同装载能力、不同固定使用成本和不同单位距离运输成本的车型，显然，HVRP 的建模和求解难度更大。根据各种车型的数量是否有限，HVRP 又可分各车型数量有限的 VRP（Heterogeneous Fixed Fleet VRP，HFFVRP）及各车型数量无限的 VRP（Fleet Size and Mix VRP，FSMVRP）。HFFVRP 中各种类型车辆的数量有限制，该类问题一般是以总距离或总时间最小化为优化目标。Matei 等[23]设计一种基于改进局部搜索策略和移民策略的文化基因算法，求解 HFFVRP，取得较好的效果。

FSMVRP 中各种类型车辆的数量没有限制，各类车辆的固定使用成本和单位距离运输成本不同，此问题不仅需要求得各车辆的路径方案，还需求得各类车辆的使用数量。Liu 等[24]设计一种有效的遗传算法用于求解 FSMVRP，Belfiore 等[25]采用分散搜索的启发式算法求解带时间窗和需求可拆分的 FSMVRP，Salhi 等[26]采用基于集合分区的启发式算法求解一种带回程运输的 FSMVRP。Dayarian 等[27]采用列生成方法求解一种多属性（多车型、多车场）的 VRP，算法采用分支定价方法，针对问题的特殊结构采用不同的分支策略，效果良好。Koç 等[28]综述近三十年间 HVRP 的相关研究文献。

(4) 无时间窗 VRP 和带时间窗 VRP。

根据车辆访问客户是否有时间窗的约束，可以将车辆路径问题分类为无时间窗约束 VRP 和带时间窗约束 VRP（VRP with Time Windows，VRPTW）。带时间窗约束 VRP 又可以分为带硬时间窗约束 VRP（VRP with Hard Time Windows，VRPHTW）、带软时间窗约束 VRP（VRP with Soft Time Window，VRPSTW）、带单时间窗约束 VRP 和带多时间窗约束 VRP（VRP with Multiple Time Window，VRPMTW）等。

VRPHTW 中车辆必须在时间窗内开展服务，早到则等待客户，迟到则拒绝服务；VRPSTW 中以惩罚替代等待客户和拒收服务。Beheshti 等[29]采用混合列生成-启发式算法求解 VRPSTW。

VRPMTW 中的每个客户可能存在多个互不重叠的时间窗，车辆可任意选择一个时间窗完成服务，该类问题的相关研究文献很少。Belhaiza 等[30]用可变邻域禁忌搜索算法求解 VRPMTW。Favaretto 等[31]利用蚁群算法对有最大行驶时间限制的非满载 VRPMTW 进行求解。

（5）非周期性 VRP 和周期性 VRP。

非周期性 VRP 完成运输任务的时间一般为一天，常规意义上的 VRP 一般都是非周期性的。而周期性 VRP 完成运输任务的时间往往更长，可能是一周、一月，也可能是一年，所有用户的需求在一个周期内全部达成即可，不要求每天都服务全部客户，周期性 VRP 的优化目标一般为最小化整个周期的总成本。Hernandez 等[32]对周期性的 VRP 做了较完整的综述。

（6）静态 VRP 和动态 VRP。

根据所有信息在车辆出发前是否确定，将 VRP 分为动态 VRP（Dynamic VRP，DVRP）与静态 VRP（Statics VRP，SVRP）。如果车辆离开车场前 VRP 的相关信息都是明确的，并且随着时间的推移没有变化，问题的结果是一组优化后的路径，在执行过程无需重新求解，则此类问题为 SVRP。DVRP 指客户、车辆及路况等信息，在配送过程中发生变化，需要系统迅速响应，重新规划路径方案。Pillac 等[33]引入动态程度的概念，对 DVRP 的应用和解决方案进行全面的回顾和综述。饶卫振[34]和朱琳[35]对大规模 DVRP 的优化方法进行研究。

DVRP 中的时变 VRP（Time-Dependent VRP，TDVRP）考虑城市真实的交通状况，如交通拥堵和车辆事故等因素，用时变函数来描述车辆行驶速度的特性，从而求解问题。李妍峰[36]对时变网络上的旅行商问题（Time-Dependent Traveling Salesman Problem，TDTSP）及时变网络上的 VRP（Time-Dependent VRP，TDVRP）进行了有效的探讨。马祖军和胡萍[37]设计遗传算法和线性规划法相结合的两阶段算法，研究时变路网环境下城市救援点的选择和救援车辆路径的动态综合优化问题。

Braekers 等[12]指出 TDVRP 是目前的研究热点问题之一，近年来这方面的研究成果较多。Mancini 等[38]采用多项式函数描述早晚不同交通高峰期干道上的车速。结果显示，基于 TDVRP 求得的车辆调度方案更为优化。Montero 等[39]提出整数线性规划模型，采用精确算法对带时间窗约束的 TDTSP 进行求解，并通过有 40 个客户点的算例进行验证。Afshar-Nadjafi 等[40]研究多车型、多车场和带时间窗约束的 TDVRP，建立混合整数规划模型，并采用启发式算法进行求解。Soysal 等[41]利用基于受限动态规划仿真的方法求解绿色时间依赖的带装载能力约束的 VRP，比经典受限动态规划的方法节省 2.3% 的成本，减少 93.1% 的计算时间。实验结果表明，如果车辆在严重拥挤时段过后再出发，可以减少 2.3% 的汽车排放，提高 0.9% 的收益。Çimen 等[42]分析带装载约束的 TDVRP。由于随机车速和环境问题等诸多不确定因素，经典优化方法的效果有限，通过设计马尔可夫链和动态规划相结合的启发式算法，在更短的时间内得到路径更短、成本更低的解。

（7）考虑多维装载约束 VRP。

在带取送货的 VRP 中，货物装车的时候一般需要考虑后进先出（Last In First Out，LIFO）约束、二维装载约束（two-dimensional Loading constraints，2L）或三维装载约束（three-dimensional Loading constraints，3L）。

Cheang 等[43]设计两阶段的启发式算法，求解带取送货的有后进先出和路径长度约束的旅行商问题，第一阶段应用模拟退火算法和射池思想来控制用车量，第二阶段应用变邻域搜索算法和禁忌搜索算法思想来控制车辆的总运输距离。Lin 等[44]采用基于贪婪随机自适应搜索的禁忌搜索算法，求解有后进先出要求且带回程的路径规划问题，并经美国最大杂货店克罗格的实际运营案例测算发现：每天至少可以节省约 5.6% 的成本。Dominguez 等[45]分析考虑质量、体积外形二维的带回程运输的 VRP，设计有偏见的随机大邻域搜索算法并进行求解。Männel 等[46]考虑路径和包裹装载两方面的约束，利用混合算法求解带三维载重约束的带取作业 VRP。Männel 等[47]用基于自适应大邻域搜索启发式算法求解有长、宽、高三维载重约束且禁止重新装载的带取送作业 VRP。阮清方[48]研究一种新装卸策略下的带取送作业 VRP，并给出相应的示例说明该装卸策略比其他装卸策略更能有效降低装卸操作成本，并利用蜜蜂算法求解新装卸策略下的 4 种衍生的带取送作业 VRP。

（8）需求可拆分 VRP。

每个客户的需求可被拆分由多辆车运输服务，在这种情况下，运送总需求的配送车辆数可能会减少。1989 年 Dror 和 Trudeauf[49]正式提出该问题，刘新宇等[50]对需求可拆分的 VRP（Split Delivery VRP，SDVRP）的基本类型和衍生类型，及其求解方法等方面的研究成果进行全面地归纳和总结，并指出随着约束条件的改变，SDVRP 的类型日益多样化，问题的求解难度也将不断增大。

（9）不确定性 VRP。

从信息质量来说有确定性 VRP 和不确定性的 VRP 之分。不确定性 VRP 在优化路径方案之前，所有的相关信息不能完全被掌握，因为某些信息可能按照某种概率分布存在，也可能是模糊的、未知的或者不确定的。

韩娟娟等[51]对随机和模糊 VRP 研究进行综述，不确定性 VRP 按信息质量可以分为随机 VRP 和模糊 VRP。张梦颖[52]对具有不确定因素的旅行商问题和 VRP 进行研究。

随机信息包含随机需求、随机客户数或随机旅行时间等。对于随机 VRP，虽然问题的相关信息是不确定的，但相关信息的随机分布函数可以基于历史数据或已知信息的特征得出。所以，随机 VRP 的优化目标一般是最小化总期望成本。该问题通常采用两阶段策略进行优化，即在掌握部分信息的前提下，首先根据已知信息确定初步运输计划，在获得所有信息后再进一步对方案进行优化。Zhang 等[53]采用分散搜索算法求解随机旅行时间同时取送货 VRP，获得的方案优于遗传算法（Genetic Algorithm，GA）所得方案。Miranda 等[54]用基于重复局部搜索的元启发式算法求解带硬时间窗和随机旅行、服务时间约束的VRP，所得方案能够实现成本最小化并保证一定的服务水平。Luo等[55]利用自适应大邻域搜索算法求解有随机需求和重量相关成本约束的VRP，并设计一些测试算例。

模糊信息包括模糊需求、模糊时间窗和模糊旅行时间。Mehrjerdi等[56]研究有装载约束的需求模糊的选址-路径问题，利用包含随机模拟的贪婪聚类方法进行求解。Tang等[57]求解时间窗模糊的VRP，构建车辆行驶距离最小化、供应商服务水平最大化的多目标模型，并采用两阶段策略，先按照传统的VRPTM进行求解，再用割平面法进行服务水平的改进。

（10）带取送货VRP。

基本VRP中的车辆在各客户点的服务都是取货或是送货任务。而带取送货VRP中车辆在客户点的服务可能是取货或者送货，或者两者兼而有之。按照货物是否来自车场和取回的货物是否也要送回车场，可将VRP分为带回程VRP（VRP with Backhauls，VRPB）和带取送作业VRP（VRP with Pickups and Deliveries，VRPPD）。VRPPD的研究起步较晚，1989年Min等[58]首次提出同时带取送作业VRP（VRP with Simultaneous Delivery and Pickup，VRPSDP），对一种取送图书的问题采用先聚类后排序的方法进行求解。VRPPD问题一般也称作取送路径问题（Pickup and Delivery Problem，PDP），是本书拟研究问题的基本问题，相关研究将在下节详细讨论。

2.2　PDP的一般描述

PDP是一类将货物或人从起点运送至终点的VRP，这类问题已经研究了三十多年，实践中许多运输路径规划问题可以抽象为PDP，如物流配送和急救车服务等问题。

大部分的PDP可以定义为如下一般形式：在一个完全图$G=(V,A)$中，顶点集合为$V=\{0,\cdots,n\}$，0为车场，其余各点代表客户点；边的集合

为 $A=\{(i,j): i,j \in V, i \neq j\}$，每一条边的长度非负，相应的成本 C_{ij}（距离成本或时间成本等）满足三角不等式原理；设 $H=\{1,\cdots,p\}$ 为待运需求的集合，每个点（包括车场）需要取或者送一定数量的商品（如果运输对象为人，一般称为需求）；设 $\boldsymbol{D}=(d_{ih})$ 为需求矩阵，d_{ih} 为由点 i 提供需求 h 的数量，$-d_{ih}$ 为运送至点 i 商品 h 的数量，对于每一个商品 h 来说，$\sum_{i \in V} d_{ih}=0$，表示在整个网络上商品 h 的供需是平衡的；设 $K=\{1,\cdots,m\}$ 为车辆的集合，每个车辆装载量为 Q；子集 $T \subseteq V$ 表示允许临时转运的点，车辆在这些点可以卸下货物由其他的车辆运输，每一点上所有的取或送的需求均由同一车辆运输，不可拆分，每一条径路均为一条起止于车场，游历某些点的回路。PDP 需要构造满足以下条件的 m 辆车的路径：

（1）满足所有取送需求；

（2）除了 T，其他所有点的商品不能被转运；

（3）车辆不能超载；

（4）总路径方案成本最小化或收益最大化等。

总体而言，和大多数 VRP 一样，PDP 的目标函数主要类型包括运输成本最小化（车辆路径长度最短化、停站次数和运行时间最少化等）和收益最大化（收入减成本）等。

2.3 PDP 的主要类型

由单一车辆完成取送运输任务的 PDP，可分为带回程的旅行商问题（Traveling Salesman Problem with Backhauls，TSPB）和带取送作业的旅行商问题（Traveling Salesman Problem with Pickups and Deliveries，TSPPD）。多车辆完成取送运输任务的，一般直接称作 PDP。因为需求的多样性，PDP 的类型也较多。下面将从取送点的数量、取送作业起止点和约束条件特征等角度对其进行分类。

2.3.1 基于取送点数量分类

Berbeglia 等[59]基于取送点数量,将 PDP 分为多对多 PDP(Many-to-Many PDP,MMPDP)、一对多对一 PDP(One-to-Many-to-One PDP,OMOPDP)、一对一 PDP(One-to-One PDP,OPDP)。MMPDP 中任意客户点可以作为商品的起运点和终到点。OMOPDP 中商品来源于车场,发往各个客户点。同时,来源于各个客户点的商品需要运回车场。OPDP 中,每一个商品有一个相应的起运点和终到点。上述分类方法较有影响力,许多文献的研究都是基于该方法对 PDP 进行分类。

1) MMPDP

MMPDP 中一般有 n 种商品,每一种商品可能有多个供应客户点和需求客户点。图 2-1(a)为一个有 3 种商品、4 个客户点的 MMPDP 的简单示例,0 为车场,1、2、3、4 为客户点,以点 1 的需求($a,-b$)为例,a 为点 1 供应的货物,b 为点 1 需求的货物。图 2-1(b)中箭头所示的路径为该问题的解决方案。这类问题在实际应用中不多见,相关的研究文献相对较少。

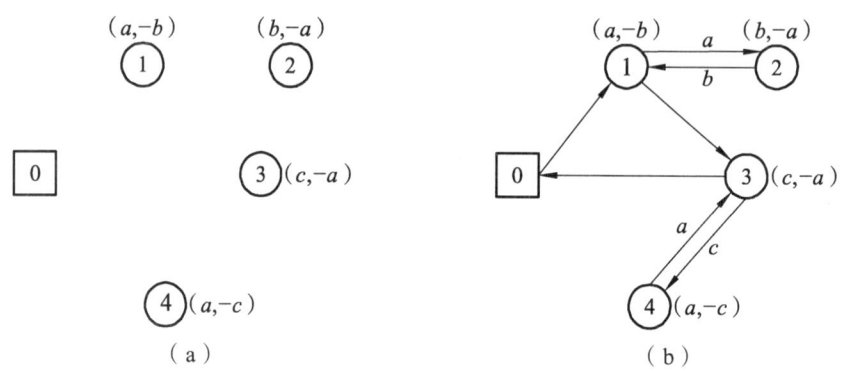

图 2-1 MMPDP 示例

Hernández 等[60]分析多商品取送的旅行商问题,其中每种商品可来自若干个产地,也可供给不同的需求地,设计了混合三阶段启发式算法求解。Chen 等[61]分析需求成对的 MMPDP，并应用在公共图书馆的书籍配送管理问题中。Li 等[62]分析带有多对多运送需求的拖挂车路径问题，设计节约算法和局部搜索相结合的启发式算法。Rieck 等[63]用 CPLEX12.4 求解小规模的多对多取送的定位-路径问题，并设计遗传算法求解中等规模和大规模的问题。

2）OMOPDP

在 OMOPDP 中，需运送至各客户点的货物来源于车场，需送回车场的货物来源于各客户点。在实际生活中，因为可持续发展的需要，产品包装的回收、原材料的循环再利用等逆向物流管理中存在此类问题。在该类问题中，待运送的货物有两种：从车场送往客户点的货物和从客户点取回车场的货物。每个客户点都可能有送货和取货的需求，每个客户点可以被访问一次或两次。Berbeglia 等[59]按照只取不送、只送不取和取送混合将该类问题分为单一需求 OMOPDP 和混合需求 OMOPDP。Gribkovskaia 等[64]将 OMOPDP 的路径结构分为一般式（general）、哈密顿式（hamiltonian）、双路径式（double path）和索套式（lasso）。如图 2-2 所示，在一般式路径中，没有取送次数、去程或回程先后的要求；在哈密顿式的路径中，每个客户只能被访问一次；在双路径式的路径中，要求先去程送货，再回程取货，除了路径上最终折返处的客户点只访问一次，其余客户点均要访问两次；在套索式路径中，整个路径就像个索套，索套圈部分是哈密顿式，索套柄部分是双路径式。Gribkovskaia 等[64]提出并证明若路径上的单位成本符合三角不等式，则一般式路径的目标函数值（Z_G）最小，其后依次为索套式路径的目标函数（Z_L）、哈密尔顿式路径的目标函数（Z_H）和双路径式路径的目标函数（Z_D），后面 3 种方式路径的目标函数值的最大值小于等于一般式的 2 倍，即目标函数值 $Z_G \leq Z_L \leq Z_H \leq Z_D \leq 2Z_G$。

Euchi 等[65]结合 VND 设计混合遗传算法对一对多对一软饮料配送的实际案例进行求解。Zhu 等[66]利用文化基因算法框架，结合位置敏感散列法,求解路径长度、反应时间和工作负荷等多目标优化的 OMOPDP。Brandão 等[67]用改进的禁忌搜索算法求解带回程的 VRP。

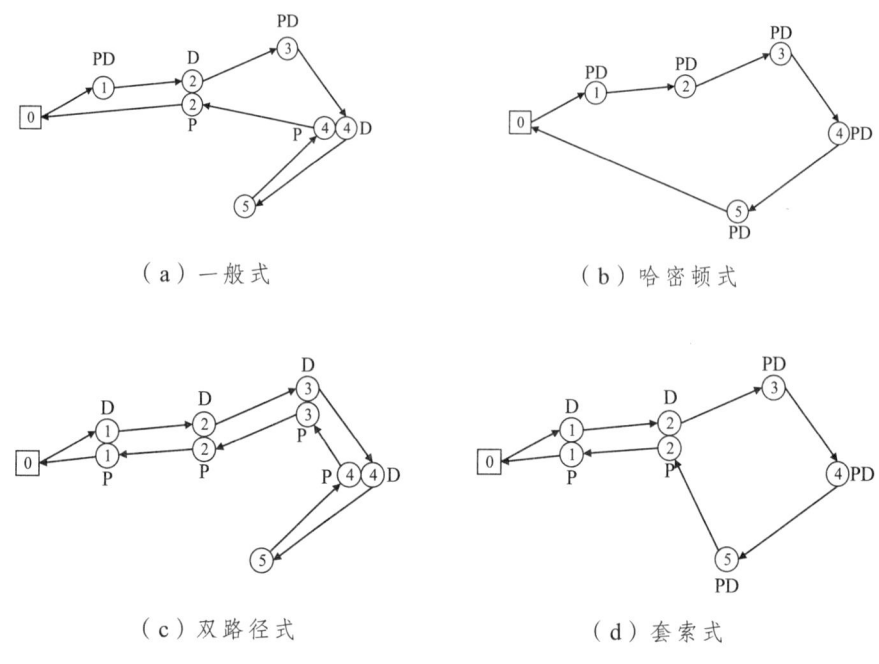

图 2-2 OMOPDP 示例

3) OPDP

在 OPDP 中的车场没有取、送货的需求,每个需求的起止点不能互换,也可以看作不同的商品。每个需求由一辆车完成,取点在送点之前访问。图 2-3 为 OPDP 示例。OPDP 有单车辆 OPDP、多车辆 OPDP、静态 OPDP 和动态 OPDP 之分。动态 OPDP 即客户有离开或加入系统的现象,允许车辆在途中加入新的客户需求。当这类问题的运输对象是乘客时,往往需要考虑最大的旅行时间,也就是电话约车问题(Dial-A-Ride Problem,DARP)[68]。DARP 是文献中的热门研究主题[69],Ho 等[70]综述 DARP 的应用领域,提出其未来发展的趋势和面临的挑战。

第 2 章 PDP 的研究现状

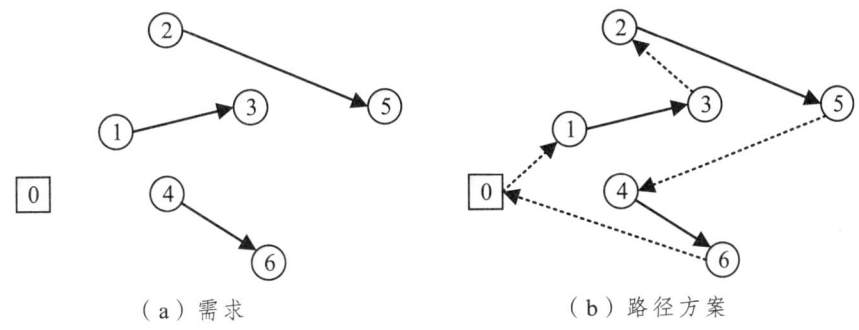

图 2-3 OPDP 示例

图 2-4（a）是一个 DARP 示例，图中有三个运输需求 a、b 和 c，分别来自 1、2 和 3 点，去向为 6、4 和 5 点，图 2-4（b）为该问题的解决方案，其中的箭头所示为车辆运行方向，线段上标注了运输对象。

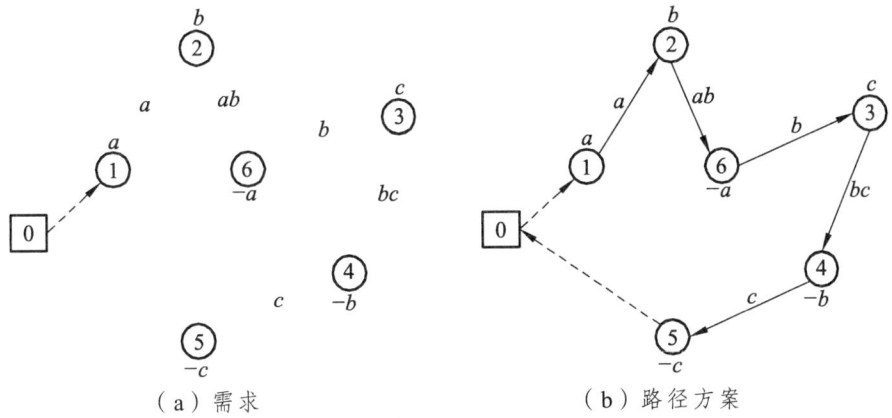

图 2-4 DARP 示例

Rodriguez 等[71]研究一种多商品 OPDP，使用贪婪随机自适应搜索算法（Greedy Randomized Adaptive Search Procedures，GRASP）和 VND 的算法思维，在可接受的时间内能够求解 300 个客户点、600 个商品的算例，计算结果优于之前的文献。Şahin 等[72]分析需求可拆分的多车辆的 OPDP，结合模拟退火算法和禁忌搜索算法，在可以接受的时间内得出优质解。实验结果还表明，通过需求拆分可以节省 33.0% 的成本，节省成本的多少主要受取送点空间位置分布的影响。Haddad 等[73]研究需求可拆分 OPDP，使用基于迭代局部搜索的随机变邻域下降算法，结合分支定价法的路径松弛和预处理等，通过对 93 个单车辆的标准算例测试，其中 92 个算例获得比之前文献更好的解。该算法能获得 20 个需求的精确解，表现优异。Soysal 等[74]分析了一种新的 OPDP，目标是降低燃油消耗量（可转化为排放量），考虑可变车速和道路分类对运输成本的影响，旨在为绿色环保物流提供帮助。Factorovich 等[75]研究的问题除满足一对一的取送作业要求和寻找最低成本的路线外，还增加了禁止某些请求同时出现在同一车辆中的约束，并使用分支切割算法获得满意的解。

2.3.2 基于取送作业起止点分类

Parragh 等[76,77]根据货物取送作业是发生在车场和客户点之间，还是发生在有取送的客户点间，对 PDP 进行分类。如图 2-5 所示，一般的 PDP 分为货物取送作业发生在车场和客户点之间的 PDP（即带回程的 PDP）和货物取送作业发生在有取送作业的客户点间的 PDP。

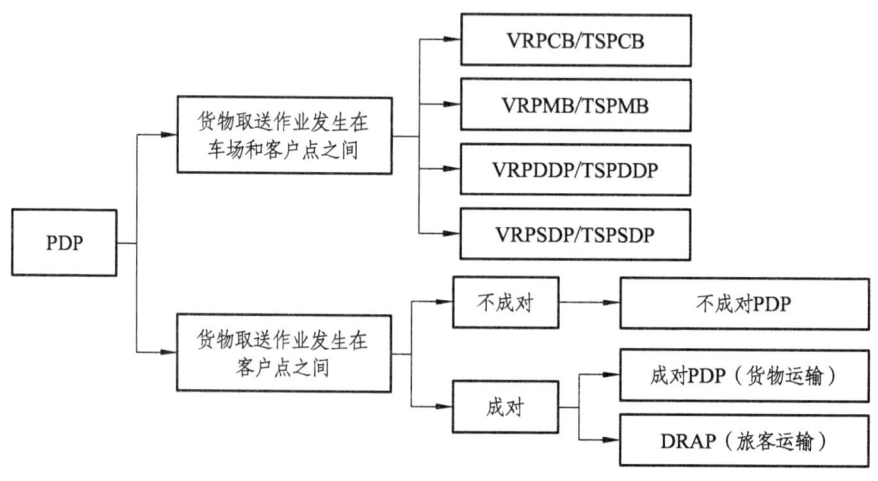

图 2-5　PDP 的分类方法

1)货物取送作业发生在车场和客户点之间

货物取送作业发生在车场和客户点之间 PDP 可分为如下 4 大类。

带集群回程的 VRP（VRP with Clustered Backhauls，VRPCB）或带集群回程的 TSP（TSP with Clustered Backhauls，TSPCB）：客户仅有取货或者送货需求之一，去程在回程之前，所有货送完之后才能取货，每个客户只访问一次。

带混合运货和回程 VRP（VRP with Mixed Linehauls and Backhauls，VRPMLB）或带混合运货和回程 TSP（TSP with Mixed Linehauls and Backhauls，TSPMLB）：客户仅有取货或者送货需求之一，取货和送货不分先后，每个客户只访问一次。

允许分批取送货 VRP（VRP with Divisible Delivery and Pickup，VRPDDP）或允许分批取送货 TSP（TSP with Divisible Delivery and Pickup，TSPDDP）：每个客户都可以有送货和取货需求，客户点可以一次取送货或分别取货和送货。

同时取送货 VRP（VRP with Simultaneous Delivery and Pickup，VRPSDP）或同时取送货 TSP（TSP with Simultaneous Delivery and Pickup，TSPSDP）：每个客户都可以有送货需求和取货需求，同时取送货物，每个客户只访问一次，类似于 Gribkovskaia[64]提出的哈密顿式 OMOPDP。

国内文献研究的大多是带一些特定约束的 VRPSDP。孙青伟等[78]结合多车型和同时取送货的要求，建立同时取送货的选址-多车型 VRP 模型，并采用改进遗传算法进行求解。赵燕伟等[79]采用量子进化算法，对多车型同时带取送作业车辆路径问题的低碳路径进行求解，通过基准测试实例验证算法的有效性和可行性。段凤华等[80]研究带碳费的同时取送车辆路径问题，为了最小化配送成本并减少对环境的破坏，在规划车辆路线时，将车辆行驶距离与油耗关联，从而转化为碳排放成本。柳毅等[81]针对同时送取货车辆路径问题，设计改进人工鱼群算法，利用较少的时间快速地得到问题的较优解。王超等[82]通过模拟退火过程和 4

种局部搜索方法，有效地求解带时间窗的同时送取货车辆路径问题。王科峰等[83]综述求解同时送取货车辆路径问题的算法，指出适合多处理器上运行的并行现代启发式算法和有效的混合算法是求解该问题的发展方向，如量子行为粒子群算法。张家善[84]利用改进蚁群算法对同时送取货车辆路径问题进行求解，所得解具有较高的满载率，大部分路径的满载率都在 80.0% 以上。

2）货物取送作业发生在客户点之间

货物取送作业发生在客户点之间的 PDP 根据需求的起止点是否成对可分为 2 大类。

运输的起点和终点没有成对的运送需求，即 Berbeglia[85]提出的 M-M 问题，该类问题应用背景特定性较强，相关研究文献较少。Azadian[86]研究不成对的带时间影响成本的 PDP，用于求解航空货运的问题。

运输的起点和终点具有成对的点对点运送需求，也称为经典的 PDP（Classical PDP），即 Berbeglia 等[85]提出的 OPDP。在该类 PDP 中，运输对象是货物的即为 PDP，运输对象是乘客的即为 DARP。Chami 等[87]采用分层序列法求解成对需求下带时间窗约束的 PDP。程谦等[88]通过引入匹配度的概念并结合时差插入法设计一种大邻域搜索算法（Large Neighborhood Search，LNS）用于求解一种成对需求下的 PDP。Parragh 等[89]结合列生成方法和变邻域搜索算法求解 58 个需求的 DARP 现实算例。

2.3.3 基于约束条件特征分类

PDP 还可根据车辆路径问题其他约束条件特征进行分类，具体如表 2-1 所示。有些学者研究了结合多种约束条件的 PDP 衍生问题，如 Liu 等[90]研究的 PDP 考虑时间窗和后进先出（LIFO）的约束。Bortfeldt 和 Yi[91]研究需求可拆分的三维装载约束 PDP（3L-PDP）。

表 2-1 PDP 衍生问题分类

分类标准	传统问题	衍生问题
时间窗	无时间窗	有时间窗[92-97]
多维装载约束	无	2L[45]或 LIFO[90]或 3L[98]
车型种类	单车型	多车型[99,100]
求解目标	成本最小化	利润最大化[101,102]
车场数量	单车场	多车场[103-105]
需求可否拆分	不可拆分	可拆分[106-108]
静态或动态	静态	动态[66,109,110]

2.4 PDP 的常用求解算法

2.4.1 精确算法

Aziez 等[111]采用分支切割算法求解带时间窗约束 PDP 的 50～100 个节点的算例，获得较优于其他文献的解。Cherkesly 等[112]采用分支定价切平面求解带时间窗和装载要求约束的 PDP，经 2 个小时的计算，获得需求带 3 级装载堆垛 PDP 的满意解。Gschwind 等[113]基于列生成提出的 4 种分支降价算法适用于不同的子问题。Liu 等[114]用分支定价法解决现实的 DARP，在 4 小时内求解 22 个需求规模的问题。Masson 等[115]用分支-切面-定价法求解带穿梭作业的 PDP，在 1 小时内获得了 87 个客户算例的满意解。Baldacci[116]研究一种带时间窗约束的 PDP，基于集合划分的整数模型有两个不同的目标函数，经最小化路径成本、最小化总车辆固定成本和最小化总成本对问题进行求解。结果表明，该方法的求解速度要快于既有文献中的精确算法，并能求解 15 个之前未能求解的算例。Gutiérrez 等[117]采用分支定价法求解带时间窗约束的 PDP，最多可以求解 100 个客户的算例。Cortés 等[118]用分支切平面法求解带转运的 PDP。

采用精确算法对 PDP 进行求解的研究比较少。因为问题的复杂度，精确算法往往需要花费大量时间进行计算，因此精确算法求解 PDP 的规模相对较小。

2.4.2 启发式算法

由于 PDP 求解的复杂度较高，经典启发式算法往往不能对其进行有效求解，求解 PDP 以混合启发式算法及自适应大邻域搜索算法（Adaptive Large Neighborhood Search，ALNS）居多，遗传算法其次，另外还有一些其他算法。

1）混合启发式算法

Koch 等[98]针对带回程取送、时间窗和 3L 装载要求的车辆路径问题采用混合启发式算法求解。算法采用自适应大邻域搜索算法寻找合适的路径，采用不同的背包启发式算法来满足装载方面的要求。Euchi 等[65]采用 VND 来求解 PDP 问题，在大多数标准算例的计算中，能得到比其他文献更好的解。Männel 等[46]采用大邻域搜索求解一维的 PDP，再用树形搜索算法解决装箱问题，并提出了 54 个新的 3L-PDP 算例用于验证算法。Hernández 等[60]针对多商品的 TSPPD 问题，提出混合三阶段启发式算法，使用一些局部搜索算子和扰动操作进行优化，其中包含对一个整数规划模型的求解。该算法能求解有 400 个节点和 5 种商品的算例，效果较好。

2）自适应大邻域搜索算法

Curtois 等[97]采用大邻域搜索算法和自适应弹射引导搜索算法相结合的方法对带时间窗的 PDP 进行求解，快速有效地得到一些标准算例的最好解。Grimault 等[100]采用 ALNS 求解一种多车型的有满载和时间窗要求的 PDP，并通过现实算例验证该方法的有效性。Mattos 等[119]提出一种新的累积车辆路径问题（Cumulative Capacitated Vehicle Routing Problem，CCVRP），该问题是经典车辆路径问题的一种变形，其目标是将送达时间之和降到最少，而不是总路径成本最小；同时提出一种适用于 CCVRP 的 ALNS。该算法通过一组标准算例测试，结果优于两种模因算法。

3）遗传算法

Ma 等[120]利用混合遗传算法求解一种针对实际逆向物流问题的多决策者的带时间窗约束的 PDP，结果表明该方法能有效地求解这种具有复杂约束条件的 PDP。Danloup 等[121]采用遗传算法和 LNS 求解带转运 PDP，结果表明遗传算法表现更优。Wang 和 Chen[93]采用遗传算法和 Cplex 软件对带时间窗的 PDPSPD 进行求解，结果表明遗传算法能在较短的时间内获得较好的解。

4）其他算法

Goeke 等[122]使用颗粒禁忌搜索算法对带时间窗的 PDP 进行有效的优化求解。Kalayci[123]采用蚁群系统和 VNS 相结合的方法求解一种 PDPSPD，结果表明 VNS 对于局部的优化效果很好，使用蚁群系统可加强全局搜索效果。Wang 等[124]以最小化车辆数和旅行距离为目标，使用并行模拟退火算法对带时间窗约束的 PDPSPD 进行求解，在大部分算例中均能获得比遗传算法更好的解。Lai 和 Cao[125]使用改进的差异演化算法求解带时间窗约束的 VRPSPD，通过采用新的变异算子、选择算子和交叉操作算子，有效地解决该问题。

2.5 DARP 的研究现状

在涉及旅客运输组织的 PDP 中，研究得比较多且具有代表性的是电话约车问题（DARP），本书研究的网约车调度问题（Online Car-Hailing Problem）案例也属于 DARP 问题的一类。因此，本节将对 DARP 的研究现状进一步展开分析。

2.5.1 DARP 的来源及特征

1. DARP 的来源

电话招车（Dial-A-Ride，DAR）服务系统的传统应用是为老年人和残疾人提供的非营利 DAR 服务，这些服务往往以成本最小化为目标。目前许多机场也为行动不便的受伤、年老、虚弱和残疾乘客提供专用交通工具。1970 年，美国俄亥俄州曼斯菲尔德市首次推出一种按需公共交通服务，称为"电话约车"（因为初期的客户出行需求通过电话拨号而得名）。1972 年，牛津汽车服务公司（City of Oxford Motor Services）在阿宾顿（Abingdon）提供英国第一项按需公共交通服务。1990 年签署的《美国残疾人法》要求所有公共交通机构为残疾人提供可与公共交通巴士服务相媲美的专门交通（有时称为辅助交通服务）[70]。因此，许多需求响应系统从一般公共服务演变为集中的辅助交通服务。DAR 服务系统运营的复杂性（例如带时间窗，乘客在车辆上后进先出等约束）主要体现在要求计算机的规划和调度能求解实际的大规模问题。早期的 DAR 系统规划和调度是通过启发式方法解决的，例如在麻省理工学院为美国纽约罗切斯特的 DAR 系统开发的方法。Stein[126]第一次提出 DAR 系统规划和调度问题的模型，即 DARP，它是一类 OPDP。Psaraftis[127]提出一种动态规划精确算法，用于单个车辆的静态和动态 DARP 求解。在过去的四十多年里，对 DARP 的研究一直在稳步发展，Cordeau 等[128]及 Ho 等[70]对其相关研究进行综述。

近年来，由于公众环保意识的增强，对拼车出行的需求不断增长。独乘汽车会产生更多的碳排放，也会加重商业中心区（Center Bussiness District，CBD）的交通拥堵。移动网络通信、云计算和大数据分析等技术的发展为 DAR 系统提供新技术的强力支持，现有信息的数量和质量与十年前大不相同，大数据、定位和遥感技术的爆炸式发展改了 DAR 系统和 DARP 理论研究的面貌。传统的 DAR 系统依赖于集中规划，需要提前预订行程，但往往由于意外延误和其他突发事件，使得计划的时间表必须"实时"调整。滴滴、优步、Lyft 等拼车出行服务平台结合便捷的支付手段为乘客提供新时代的 DAR 服务，以上平台的迅速崛起使 DARP 的研究拓展到一个新领域。在大数据时代，旅行时间可以更准确地预测，依托更强大的硬件设计更高效的算法将使高效的"实时"规划、调度成为可能。这一趋势改变 DARP 求解方法的研究重点，让学者将更多的精力放在动态和不确定性模型的快速在线算法上,以实现现实应用问题"实时"的调度优化。

2. DARP 的特征

在 DARP 中,多个客户需要从其特定的出发地(取点)到目的地(送点)运输。运输服务提供者接收请求,然后安排车辆对客户进行服务。有些客户允许拼车运输服务,即允许多个客户同时在同一辆车上接受运输服务。

DARP 的典型特征包括:

(1)访问:如果不允许拒绝客户的运输请求,则运输服务提供者必须将每个客户从出发地运送到目的地。如果允许拒绝客户的运输请求,则运输服务提供者可以选择性地接受请求。

(2)时间窗:每个客户可以指定最早和最晚的接送时间(出发时间及到达目的地时间)。

(3)车场:车辆行程(或路线)的开始和结束位置。

(4)行程:车辆返回车场或到达最后一个目的地后完成行程。

(5)车辆装载能力:允许同时在某一辆车上的最大乘客数。

(6)乘车时间:客户在车上花费的时间,即上车和下车之间的时间差。

(7)路线持续时间:车辆行驶一次的时间,即离开和返回车场的时间差。

典型的 DARP 结合上述特征,将车辆分配给客户,并确定运输服务车辆的路线,可以从运输服务提供者或客户的角度考虑问题的优化目标。然而,从两个角度来看,目标可能是相互冲突的,改善客户体验(例如减少总行驶时间和等待时间)可能需要增加运营成本(如租用更多车辆)。目标函数受到装载量或时间窗等相关特性的约束。关于 DARP 的基础数学模型可见 Cordeau 的研究[129],它是很多学者所研究 DARP 衍生问题的基础。DARP 的衍生问题包括多车场、多行程、多车辆、多车型、带时间窗、行程时间限制和多目标优化等角度[130]。

2.5.2 静态和动态 DARP

对于静态 DARP，Cordeau 和 Laporte[131]采用一种禁忌搜索算法求解多车辆静态 DARP，允许乘客声明自己的时间窗，但出发地和目的地在统一的某些地址。Baldacci 等[132]使用列生成方法求解一类接送在同一公司工作的员工的 DARP，是一个非动态的问题，事先已知该问题的相关因素。Cordeau[129]用精确算法求解多车辆静态 DARP，使用分支切面法有效地求解中小规模的算例。相对 Cordeau[129]建立的三维模型，Ropke 等[133]提出了 2 个二维的模型，用一系列有效不等式强化模型的功能，提出的算法能够求解路网上有 194 个节点、8 辆车和 96 个需求的算例。Parragh 等[89]在 Cordeau[129]三维模型的基础上进行扩展，并分割了 Ropke 等[133]的模型，使其能够适应不同装载量的车型，满足不同乘客需求，通过将 VNS 植入列生成算法，在现实算例中得到高质量的解。

对于动态 DARP，Psaraftis 等[134、135]提出动态规划的方法，考虑成本及乘客不满意度最小化，求解较小规模的单一车辆动态问题的算例。Attanasio 等[136]应用并行的禁忌搜索算法求解动态 DARP，将其初始问题视作静态问题进行求解，当有新的客户需求出现，再逐步插入优化解中。Jorgensen 等[137]用遗传算法求解了上述问题。在 Coslovich 等[138]研究的动态 DARP 中，司机在途中需要决定是否接受在确定停站点上的突发运输需求，即求解时考虑是否将这些新出现的需求插入到已经计算好的路线上。对于动态 DARP，Parragh 等[139]采用 VNS 求解，Schilde 等[140]采用随机 VNS 求解，Kirchler 等[141]采用颗粒禁忌搜索算法求解。Paquette 等[142]以成本、等待时间和旅行时间最小化为优化目标，采用多重禁忌搜索算法成功地搜索到高质量的解。

Xiang 等[143、144]采用局部搜索和多种改进策略相结合的方法改进初始解，并提出快速启发式算法用于求解多车辆静态和动态 DARP。Beaudry 等[145]探讨动态 DARP 的应用特例，即不同医院间病人的转送问题，提出含有禁忌搜索算法的两阶段启发式算法。Agatz 等[146]求解动态拼车问题，将基于滚动时域的模型和贪婪启发式算法进行结合，对亚特兰大市的出行需求数据进行模拟研究。Berbeglia 等[147]提出一种新的算法策略，即需求出现时依次处理，该算法包含禁忌搜索算法和约束规划算法，并采用并行的方式处理新出现的运输需求，任意一个算法寻找到一个可行的方案，新的需求就可以被接受。Agatz 等[5]提出集中的拼车匹配在计算上有可能不可行，研究的重点应该是如何分解问题，并指出按照地理位置来分解效果并不好，因为起止点可能位于不同的地理区域。

2.5.3 拼车问题

拼车问题的核心是路线规划问题，它的本质就是一种 DARP——运筹学中的经典理论问题。Santos 等[148]分析出租车共乘问题（Taxi-sharing Problem）和乘车共乘问题（Ride-sharing Problem）之间的差异，以上两种问题均属于 DARP，国内一般将该类问题称为拼车问题。该文中指出，私家车主在共乘问题上有特定的出行路线，即顺风车拼车问题；而出租车司机在共乘问题上没有特定的出行路线。Pinson 等[1]将求解 DARP 的启发式算法应用到拼车问题上，测试在 433 个节点的路网上有 50 个需求和 15 个车辆的算例，验证该方法的有效性。

Ma 等[149]基于地理信息系统（Geographic Information System，GIS）和全球定位系统（Global Positioning System，GPS）处理乘客从智能手机发出的拼车需求，考虑时间、装载能力和价格等约束，建立试验平台，并利用从 3 个月内 33 000 辆出租车的 GPS 运行轨迹数据池中随机选择的数据需求进行测试，取得较好的效果。Santos 等[148]求解一种收益最大化的拼车问题，通过将 24 小时划分为若干个时间段的方式来解决动态问题，将每一阶段看作一个静态问题，进而采用贪婪随机自适应搜索算法（Greedy Randomized Adaptive Search Procedure，GRASP）求解，通过对实例的计算验证发现：所得拼车方案比不拼车节省约 30%的费用。Hosni 等[150]针对拼车问题建立混合整数规划，采用拉格朗日分解法，将其分解为较小的问题再单独求解，进而采用启发式算法求解，与采用 Cplex 软件的求解效果相比，能够更高效地求得较好解。Agatz 等[5]对拼车问题进行综述，系统地指出合理匹配乘客和车辆的挑战，分析该问题的相关特性，总结相关文献中的优化模型，指出该优化问题有很大的计算量，未来发展趋势是寻求建立激励机制鼓励大众拼车和研究允许客户自主选择拼车方式的运输组织模式，并设计能求解现实大规模问题的快速算法。Lin 等[151]利用模拟退火算法对模拟算例进行测试，所得方案能够节省 19% 的车辆行驶里程和 66% 的车辆使用数量。

综上，拼车问题的算法主要有两类：第一类为从车辆的角度逐步寻找相近线路的乘客进行拼车，该方法所得方案对乘客和系统来说不一定是最佳方案。第二类为传统的 DARP 问题，从系统的角度来组合拼车方案，该方法一般考虑系统最优，但未严格约束弯路现象，可能出现为保证系统最优而造成部分旅客被绕路运输的情形，该情形发生的比例不大，但足以对拼车平台造成较大的负面影响。

2.6 小 结

根据上述的研究现状综述，对于取送路径问题（PDP）的研究现状总结如下：

（1）既有 PDP 的研究基本基于完全图展开，在车辆路径结构方面的主要要求为：先访问取点，后访问送点。

（2）国内对于 PDP 的研究一般都是带一些约束条件的同时取送作业车辆路径问题。目前国内博士学位论文对 PDP 相关研究较少，仅有阮清方[48]、徐东洋[152]等少数学者对 PDP 进行专题研究。

（3）PDP 中取送货物的需求多种多样，再加上各种衍生的约束条件，使得 PDP 的种类繁多。因此，目前 PDP 的研究大都是针对特定问题展开。

（4）若要求得 PDP 较好的解，所需的计算时间都比较长。精确算法对于中大规模问题甚至无法在有效的时间内求出可行解。

(5)作为 PDP 的一种子类问题，在 OPDP 中，车辆运送的对象为点与点之间成对的货物或乘客。如 Parragh 等[76]提出的经典 PDP 就是一种需求成对的 OPDP，即每一个取货点对应一个送货点。如果运送对象是乘客的话，研究得比较多的为 DARP，该类问题往往还需要考虑乘客便利的需求。OPDP 在路网交通运输组织问题中具有较高的应用价值，值得结合各种实际应用需要作进一步研究。

本书拟研究的需求按最短路运输的 OPDP 是一种取送作业发生在客户点之间的车辆路径问题。该问题来源于网约车调度等实际生活中的旅客运输组织问题，问题基于现实连通路网展开描述，需求要求按最短路运输。经文献检索，目前尚未发现直接关于此类问题的研究成果。下面将基于本章综述，对此类问题展开研究，以丰富 PDP 研究体系，满足路网型交通运输组织实际应用需要。

第3章 OPDPST 的来源及路径结构研究

在很多运输组织领域，客户往往要求经过最短路运输以获得更好的出行体验。本章将基于网约车调度等实际应用问题中需求按最短路运输的要求，提出一种新的需求按最短路运输的一对一取送路径问题（OPDPST），并研究其路径结构相关理论，为该问题的后续研究打下理论基础。

3.1 图和路径的相关概念

3.1.1 图的相关概念

1. 图

图（Graph）表示的是点与点之间的关系，是图论的基本研究对象。不带权的图中若两点不相邻，邻接矩阵相应位置的元素为 0；带权图中若两点不相邻，相应位置为 ∞。

图可以分为有向图和无向图。

2. 有向图和无向图

全部由有向边构成的图称为有向图（Directed Graph），全部由无向边构成的图称为无向图（Undirected Graph）。图 3-1 和图 3-2 分别为有向图和无向图示例。

第3章 OPDPST 的来源及路径结构研究

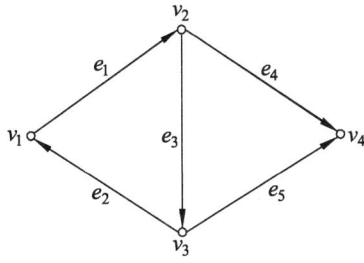

图 3-1 有向图

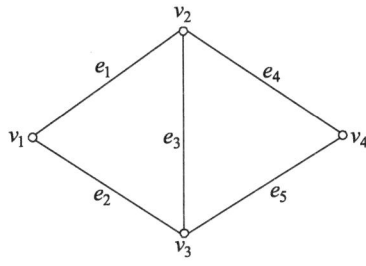

图 3-2 无向图

3. 连通图

在图论中,连通图(Connected Graph)基于连通的概念。在某图中,若点 i 和点 j 相连,则称 i 和 j 是连通的。如果图中任意两点都是连通的,那么该图称为连通图。

连通图分为有向连通图和无向连通图。习惯上来说,连通图一般指无向连通图,如图 3-3 所示。为简明撰写,本书后续研究也将无向连通图简称为连通图。

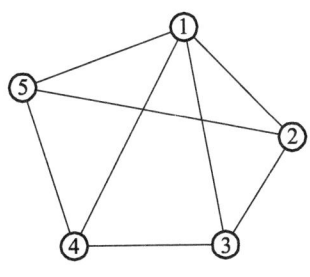

图 3-3 无向连通图

有向连通图可分为：强连通图（Strongly Connected Graph）、单向连通图（Unilateral Connected Graph）和弱连通图（Weakly Connected Graph）。

（1）强连通图：任意两点互相可达的有向图。

（2）单向连通图：任意两点仅可从一点到另一点的有向图。

（3）弱连通图：基图（不考虑边的方向）是一个无向连通图的有向图。

4. 完全图

完全图（Complete Graph）是一个简单的无向图，其中每对不同的顶点之间都恰好有一条边相连。

完全图可分为有向完全图和无向完全图。为简明撰写，本书后续研究所提到的完全图专指无向完全图。

图 3-4 为由无向连通图抽象而来的无向完全图。

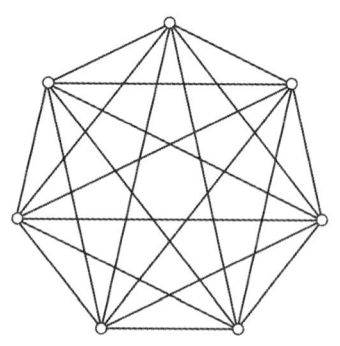

图 3-4　无向完全图

3.1.2　路径的相关概念

（1）路：在图中，从起点开始沿着若干点移动到终点的通路称为路（Walk 或 Way）。

（2）路径：节点不重复的路称为路径（Path）。

（3）轨迹：边不重复的路称为轨迹（Trail）。

（4）回路：起终点相同的路称为回路（Circuit）。

（5）闭迹：边不重复的回路称为简单回路，也称闭迹（Closed trail）。

（6）环：除起终点重复一次外，其余点不重复的闭迹称为环（Cycle）。

（7）自环：若一条边的两个顶点相同，称之为自环（Loop）。

3.2 传统 OPDP 的描述、模型及路径结构

1. 传统 OPDP 的描述及模型

在传统的 OPDP 研究中，如 Cordeau 等[153]，Pérez 等[154]，Şahin 等[72]和 Soysal 等[74]，一般将该问题描述如下：

在一个完全图 $G(N,E)$ 中，$N=\{0,\cdots,2n+1\}$ 为顶点集合，其中 $P=\{1,2,3,\cdots,n\}$ 为取点集合，$D=\{n+1,n+2,n+3,\cdots,2n\}$ 为送点集合，$\{0,2n+1\}$ 为车场；E 为边的集合，边(i,j)的长度为 $c_{i,j}$；$K=\{1,2,3,\cdots,m\}$ 为车辆集合；车辆有装载能力约束 Q 且在取送 PD-pair 时须保证取点在前送点在后；PD-pair i 取点的需求量为 d_i，送点的需求量为 $-d_i$。该问题目的为寻找一个收益最大（或者成本最小）的运输路径方案。

$x_{i,j}^k$：在车辆 k 所运行的路径上，点 j 紧接在点 i 后面。

Q_i^k：车辆 k 离开点 i 时的装载量。

其基础模型表述如下：

$$\min \sum_{k \in K}\sum_{i \in N}\sum_{j \in P} c_{i,j} \cdot x_{i,j}^k \tag{3-1}$$

$$\text{s.t.} \sum_{k \in K}\sum_{j \in N} x_{i,j}^k = 1, \quad \forall i \in P \tag{3-2}$$

$$\sum_{i \in P} x_{0,i}^k = \sum_{i \in D} x_{i,2n+1}^k = 1, \quad \forall k \in K \tag{3-3}$$

$$\sum_{j \in N} x_{i,j}^k - \sum_{j \in N} x_{i+n,j}^k = 0, \quad \forall i \in P, k \in K \tag{3-4}$$

$$\sum_{j \in N} x_{j,i}^k - \sum_{j \in N} x_{i,j}^k = 0, \quad \forall i \in P \cup D, k \in K \tag{3-5}$$

$$Q_i^k - Q_j^k + d_j \leqslant Q(1-x_{i,j}^k), \quad \forall k \in K, i,j \in N \quad (3\text{-}6)$$

$$\max\{0,d_i\} \leqslant Q_i^k \leqslant \min\{Q,Q+d_i\}, \quad \forall k \in K, i \in N \quad (3\text{-}7)$$

$$x_{i,j}^k \in \{0,1\}, \quad \forall k \in K, i,j \in N \quad (3\text{-}8)$$

$$Q_i^k \in \{1,2,3,\cdots\}, \quad \forall k \in K, i \in N \quad (3\text{-}9)$$

其中，目标函数式（3-1）表示车辆路径长度最小化；约束条件式（3-2）、式（3-3）、式（3-4）和式（3-5）保证车流的平衡；约束条件式（3-6）和式（3-7）为车辆装载能力约束，同时也保证车辆路径不形成圈；式（3-8）和式（3-9）规定决策变量的取值范围。

2. 传统 OPDP 的路径结构

根据前面研究可知，传统的 OPDP 一般基于完全图（Complete graph）展开研究，在构造路径时要求确保需求先取后送，车辆沿着完全图上的路径（Path）运行且不重复访问完全图上的节点。该类问题一般采用与传统 VRP 类似的路径结构表示方法：先将实际连通图抽象成完全图，再采用点与点之间关系的方式来表述路径结构。

在抽象而成的完全图中，车辆按照路径（Path）运行并不意味着其在对应实际连通图中也沿着路径（Path）运行。如图 3-5 所示，在图 3-5（a）中 PD-pair r 和 s 需要由车辆 k 运送。在传统的 OPDP 中，先将其抽象成对应的完全图，如图 3-5（b）所示，继而确定取点编号分别为 1 和 2，送点编号分别为 3 和 4。在图 3-5（b）中路径方案 1—3—2—4 是传统 OPDP 的一个可行的路径（Path）方案，但该方案在图 3-5（a）中实际为 1—2—3—2—4，并不是一条路径（Path），因为点 2 被车辆 k 重复访问。车辆 k 重复访问点 2 也容易造成需求 s 装载的混乱，即需要确定车辆在哪一次访问点 2 时装载需求 s。路径方案 1—2—4—3 在图 3-5（a）和图 3-5（b）中虽然均可行，但需求 r 却被绕路运输。

第 3 章 OPDPST 的来源及路径结构研究

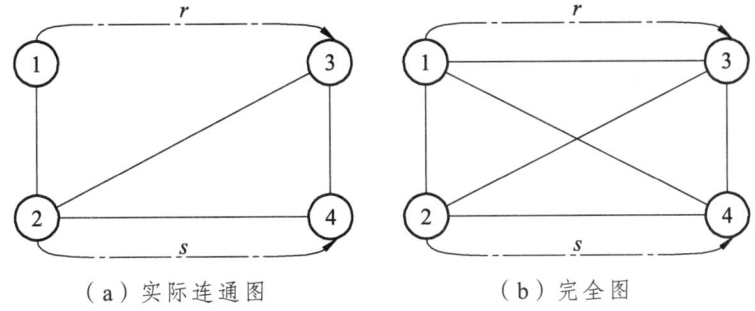

（a）实际连通图　　　　　　（b）完全图

图 3-5　实际连通图中车辆未按路径（Path）运行示例

3.3　OPDPST 的来源

与传统 OPDP 不同，在许多运输组织领域，需求往往要求按实际连通图中的最短路运输，如网约车调度等问题。

在网约车调度问题中，绕路运输不太受旅客欢迎。根据问智道的调查结果显示，愿意绕路运输的司机和乘客都只占很小比例，分别为 9.8% 和 8.6%，如图 3-6 和图 3-7 所示。

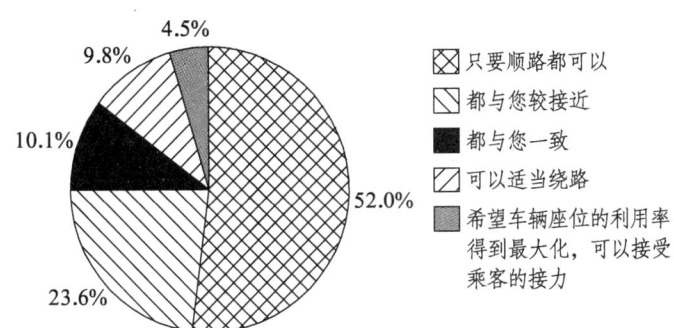

图 3-6　司机能接受乘客上下车地点范围的比例

为提高计算效率，在网约车调度问题中可把乘客的上下车点归类到路网上的若干主要节点上进行处理，再按照起止节点间的最短路运送旅客，包括空间上的最短路、时间上的最短路和成本上的最短路等。

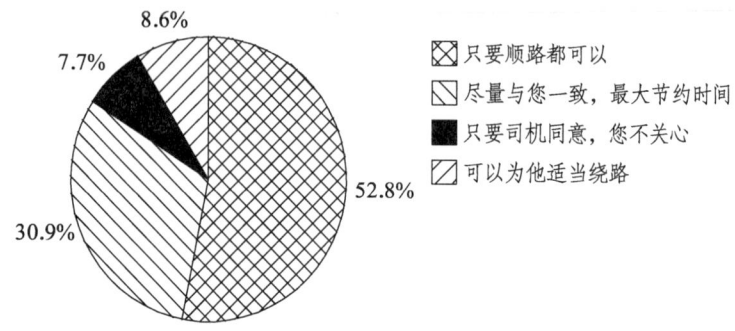

图 3-7 乘客能接受共乘者上下车地点范围的比例

因此，本书提出一种新的 OPDP——需求按最短路运输的一对一取送路径问题（OPDPST）。该问题描述如下：在一个连通图中有若干车辆和 PD-pair 散布在各点上，每个 PD-pair 要求按最短路运输，车辆的装载能力、运输距离和停站次数存在限制。该问题旨在通过合理安排运输方案实现利润最大化。经前期文献检索，未见直接对于该类问题的研究，但此类问题存在于网约车调度等一些实际应用中，值得深入研究。

如严格精确计算，路网上任意两点间的最短路一般只有唯一一条。若路网上个别节点间最短路确有多条，如通过仅认定其中一条的方式来求解问题的优化解，可以预见所得的解差别不会太大，是可以接受的。此种处理方式也有利于对 OPDPST 这种新问题研究的展开。本质上节点间多条最短路的存在对 OPDPST 的路径结构描述和建模方式影响并不大，只是扩大了运输需求组合的维度，即增加了问题解空间的大小。因此，为有效推进 OPDPST 这一新问题的研究，本书所研究的对象路网仅考虑任意两点间存在唯一一条最短路的情形，对于节点间存在多条最短路的情形暂不考虑。

此外，对于网约车调度平台来说，其调度方案对整个路网上的路况影响有限。而对于铁路运输组织等应用来说，客流分配方案对列车的运行速度基本没有影响。总体而言，本书研究的是如何将客流分配到车辆上，分配方案较少直接影响到路段上的车流密度和速度。因此，本书所研究的对象路网仅考虑最短路固定不变的情形，暂不考虑任意两点间的最短路随客流方案变化而变化的情形。事实上，如确需将本书理论应用于需要考虑两点间最短路会变化的分阶段动态交通运输组织问题，仅需要按照相关理论定期更新路网上两点间的最短路即可。

本书研究所涉及的"最短路"为广义上最短路，可以包含距离最短、时间最短或成本最低等。此外需要说明的是，本书的研究假设为需求按照其起止点间的"最短路"运输，而运载需求的车辆并不要求按照其运行起止点间的最短路运输。

事实上，在一些实际运输组织问题中，车辆还有不能重复访问实际连通图中的同一站点的要求，即车辆需按照实际连通图中的路径（Path）运行，基于该情形的问题也属于 OPDPST 的一种，将在第 5 章进一步研究。

3.4　OPDPST 的路径结构

3.4.1　OPDPST 的路径结构特点

如第 3.2 节所述，传统 OPDP 关于路径结构的基本要求为：车辆运行在一个完全图中的路径（Path）上，先访问待运 PD-pair 的取点后访问其送点。在这些研究中路径结构的表示方法一般基于点与点之间的关系。

在需求按最短路运输的一对一取送路径问题（OPDPST）中，PD-pair 需经最短路运输，传统的完全图中基于点和点之间关系的路径结构表示方法不太容易对此要求进行描述。如上节图 3-5 所示，在一个由 4 个点 $\{1,2,3,4\}$ 组成的实际连通图 3-5（a）上有两个 PD-pair r 和 s 需要由车辆 k 运输，完全图 3-5（b）从连通图 3-5（a）抽象而来。如果按照传统路径结构表示方法定义决策变量 $x_{i,j}^k$ 为节点 j 是否在节点 i 之后被访问，则完全图中的路径方案 1—2—4—3 即为传统 OPDP 的一个可行解。但是该解在 OPDPST 中则不可行，因为该路径方案在连通图 3-5（a）中实际为 1—2—4—2—3，违反了 PD-pair r 须经最短路运输的要求。而仅从编码很难判断 1—2—4—3 是否为节点 1 和 3 之间的最短路。

此外，在一些现实 OPDPST（如部分类型的网约车调度和列车开行方案优化等问题）中，除需求要求按最短路运输之外，还有车辆不能重复访问（途经或停站）实际连通路网中同一站点的要求（如第 5 章研究的问题），这类要求同样不太容易采用传统的表示方法描述。如图 3-8 所示，实际连通图 3-8（a）中的 PD-pair r 和 s 需要运送。在传统的 OPDP 中，先将其抽象成对应的完全图，如图 3-8（b）所示，继而确定取点编号分别为 1 和 2，送点编号分别为 3 和 4。在完全图 3-8（b）中路径方案 1—3—2—4 是传统 OPDP 一个可行的路径（Path）方案，但是该方案在实际连通图背景下的 OPDPST 中则不可行。因为在该方案的中，虽然所有需求均被按最短路运输，但在实际连通图中该方案中的实际路径为 1—2—3—2—4，节点 2 被车辆 k 重复访问。

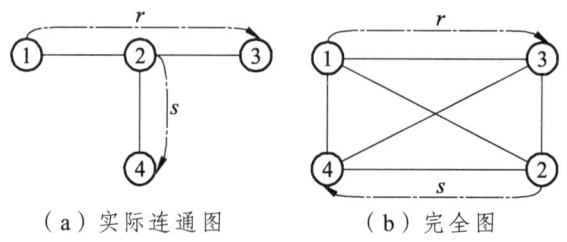

（a）实际连通图　　　　　（b）完全图

图 3-8　实际连通图中节点被访问两次的示例

因此，有别于传统 OPDP 的研究，本书中 OPDPST 的研究将基于实际连通图展开，并采用一种新的基于 PD-pair 间和 PD-pair 与车辆间连接关系的表示方法来描述 OPDPST 的路径结构。

3.4.2　OPDPST 中车辆的运输模式

结合上节分析和实际应用情况，为保证 PD-pair 按最短路运输，需求按最短路运输的一对一取送路径问题（OPDPST）中车辆可采用 3 种代表性的运输模式来运输 PD-pair：依次运送需求的 One-by-one 模式（运输模式Ⅰ），允许需求共乘车辆且车辆按实际连通图中的路径运行的 Path 模式（运输模式Ⅲ）和混合选用运输模式Ⅰ和Ⅲ的 Hybrid 模式（运输模式Ⅱ）。如实际连通图 3-9（a）所示，有两个 PD-pair i 和 j 需要由车辆按最短路运输，p_i 和 p_j 是取点，d_i 和 d_j 是送点，$p_i—d_i—p_j—d_j$，$p_j—d_j—p_i—d_i$ 和 $p_i—p_j—d_i—d_j$ 是按最短路运输 PD-pair i 和 j 间的 3 种运输方案。在运输模式Ⅰ中，一个 PD-pair 先被取送，然后取送另一个，如方案 $p_i—d_i—p_j—d_j$ 和 $p_j—d_j—p_i—d_i$。在运输模式Ⅲ中，为降低运输成本，允许需求组合共乘同一车辆，运输车辆不能重复访问任一站点，即车辆经路径（Path）运行，如图 3-9（a）中的方案 $p_i—p_j—d_i—d_j$，如组合不成功，则两个需求不能同车运输。运输模式Ⅱ是一种混合模式（Hybrid），在该运输模式中优先选择运输模式Ⅲ，如果组合失败则转选运输模式Ⅰ。

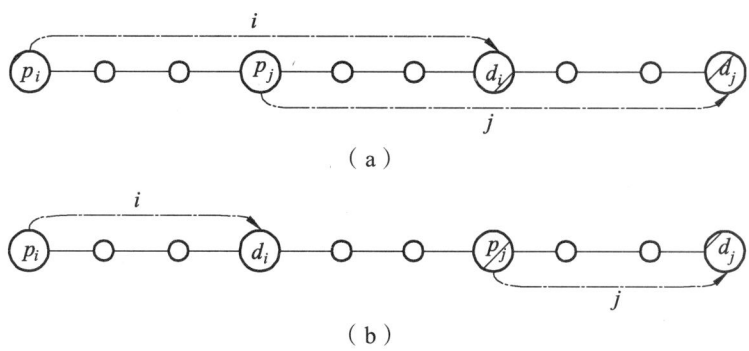

图 3-9　两个 PD-pair 之间的位置关系

在部分情况下，运输模式Ⅰ和Ⅲ存在交叉。如图 3-9（b）所示，方案 $p_i—d_i—p_j—d_j$ 同时满足运输模式Ⅰ和Ⅲ。

与实际问题相对应，运输模式Ⅰ类似于不拼车的网约车调度方案；运输模式Ⅲ类似于允许拼车的网约车调度方案；运输模式Ⅱ则类似于优先拼车，不成功则转为不拼车的混合型网约车调度方案。下面将基于以上 3 种运输模式展开研究，为解决实际问题提供理论基础。

3.4.3　两个 PD-pair 间和 PD-pair 与车辆间的连接关系

1. 两个 PD-pair 间和 PD-pair 与车辆间连接关系定义

为更好地描述两个 PD-pair 间和 PD-pair 与车辆间的连接关系，首先约定需求按最短路运输的一对一取送路径问题（OPDPST）的路径属性如定义 3-1。

定义 3-1：在一个连通图中，若车辆采用运输模式 l（$l=1,2,3$。分别表示运输模式 Ⅰ、Ⅱ 和 Ⅲ，下同）且所有 PD-pair 都被按从取点到送点间的最短路运输，则称该路径依运输模式 l 结构可行。

基于上述车辆运送 PD-pair 的 3 种运输模式，对两个 PD-pair 间和 PD-pair 与车辆间的 3 种连接关系定义如下。

定义 3-2：如果在一条依运输模式 l 结构可行的路径上 PD-pair j 不早于 PD-pair i 装载，则称 PD-pair j 能依运输模式 l 连接到 PD-pair i，称 $ct_{i,j}^{l}$（$\forall i=1,\cdots,p, j=1,\cdots,p, l=1,2,3$）为 PD-pair j 能依运输模式 l 连接到 PD-pair i 的判断参数。规定任一 PD-pair 均能依任一运输模式连接到任一车辆，即 $ct_{p+1,j}^{l}=1$（$\forall j=1,\cdots,p, l=1,2,3$），任一车辆不能连接到另一车辆或 PD-pair。其中 p 为 PD-pair 总数，$p+1$ 表示车辆。

定义 3-3：如果 PD-pair j 能依运输模式 l 连接到 PD-pair i，且不早于 PD-pair i 卸载，则称 PD-pair j 能依运输模式 l 连接后于 PD-pair i，称 $ca_{i,j}^{l}$（$\forall i=1,\cdots,p, j=1,\cdots,p, l=1,2,3$）为 PD-pair j 能依运输模式 l 连接后于 PD-pair i 的判断参数。规定任一 PD-pair 均能依任一运输模式连接后于任一车辆，即 $ca_{p+1,j}^{l}=1$（$\forall j=1,\cdots,p, l=1,2,3$）。其中 p 为 PD-pair 总数，$p+1$ 表示车辆。

定义 3-4：如果 PD-pair j 能依运输模式 l 连接到 PD-pair i，且两者存在共乘路段（共同途经的路段），则称 PD-pair j 能依运输模式 l 拼入 PD-pair i，称 $cp_{i,j}^{l}$（$\forall i=1,\cdots,p, j=1,\cdots,p, l=1,2,3$）为 PD-pair j 能依运输模式 l 拼入 PD-pair i 的判断参数，其中 p 为 PD-pair 总数。

下面以图 3-10 为例说明两个 PD-pair 间和 PD-pair 与车辆间的连接关系。

根据定义 3-2、定义 3-3 和定义 3-4 可知，当选择运输模式 Ⅰ 时：

①在图 3-10 的 4 个子图（a）、（b）、（c）和（d）中，PD-pair j 均能依运输模式 Ⅰ 连接到（且能依运输模式 Ⅰ 连接后于）PD-pair i；

第 3 章 OPDPST 的来源及路径结构研究

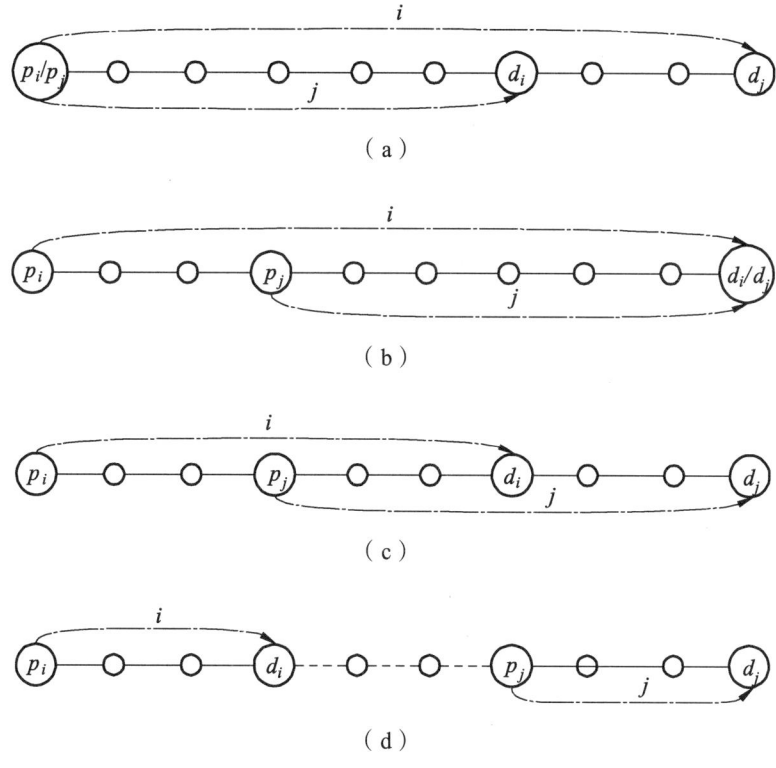

图 3-10 两个 PD-pair 之间的连接关系

②在图 3-10 的 4 个子图（a）、（b）、（c）和（d）中，PD-pair i 均能依运输模式Ⅰ连接到（且能依运输模式Ⅰ连接后于）PD-pair j；

③在图 3-10 的 4 个子图（a）、（b）、（c）和（d）中，PD-pair j 均不能依运输模式Ⅰ拼入 PD-pair i，反之亦然。

当选择运输模式Ⅱ或Ⅲ时：

①在图 3-10 的 4 个子图（a）、（b）、（c）和（d）中，PD-pair j 均能依运输模式Ⅱ（或Ⅲ）连接到 PD-pair i；

②在图 3-10 的子图（b）、（c）和（d）中，PD-pair j 均能依运输模式Ⅱ（或Ⅲ）连接后于 PD-pair i；

③在图 3-10 的子图（a）、（b）和（c）中，PD-pair j 均能依运输模式Ⅱ（或Ⅲ）拼入 PD-pair i。

2. 两个 PD-pair 或 PD-pair 和车辆组成的路径中的路段

在一条由 PD-pair（或车辆）i 和 PD-pair j 依模式 l 组成的路径中，路段可分为负载路段（途经该路段的车辆装载有 PD-pair），连接路段（途经该路段的车辆空载，仅为连接两个有装载任务的路段）和附加路段（因车辆重复负载通过而需重复计算长度的路段）。le_e、$lc_{i,j}^l$ 和 $la_{i,j}^l$ 分别为以上 3 种路段的长度。如果 $ct_{i,j}^l = 0$（$\forall i = 1, \cdots, p+1, \ j = 1, \cdots, p, \ l = 1, 2, 3$），则令 $lc_{i,j}^l = \infty$。

图 3-11 为 PD-pair（或车辆）i 和 PD-pair j 依运输模式Ⅲ构造的路径。表 3-1 列出了该路径中相关路段的长度。PD-pair j 能依运输模式Ⅲ连接到（且能连接后于）PD-pair（或车辆）i。

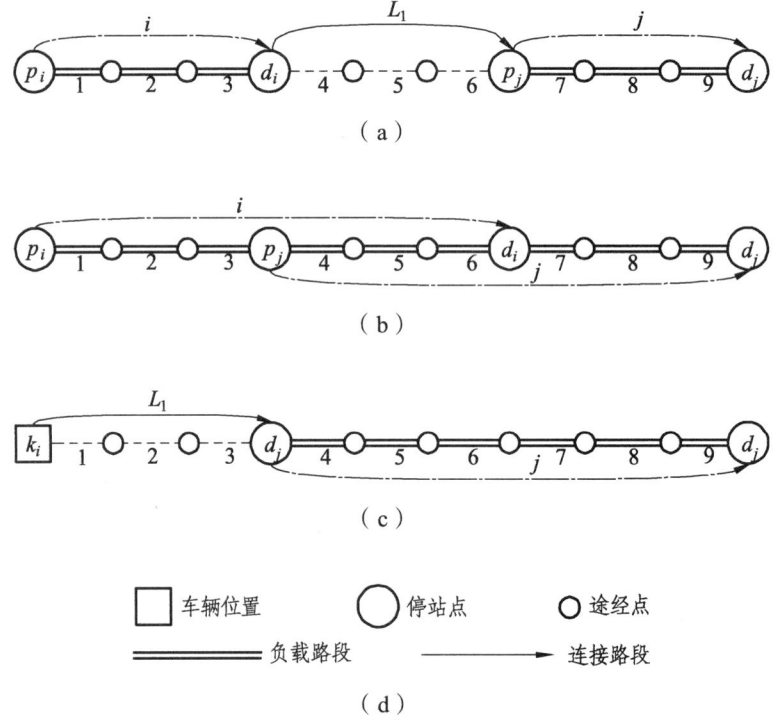

图 3-11　PD-pair（或车辆）i 和 PD-pair j 依运输模式Ⅲ构造的路径

表 3-1 依运输模式Ⅲ构造的路径中 PD-pair（或车辆）i 和 PD-pair j 间的 le_e，$lc_{i,j}^l$ 和 $la_{i,j}^l$

示例	连接关系	路径	负载路段长度 （le_e）	连接路段 长度 （$lc_{i,j}^l$）	附加路段 长度 （$la_{i,j}^l$）
图 3-11 （a）	j 能连接到（且能连接后于）i	p_i— d_i— p_j—d_j	$Le_1+le_2+le_3+le_7+le_8+le_9$	L_1	0
	i 不能连接到 j	—	$le_7+le_8+le_9+le_1+le_2+le_3$	∞	0
图 3-11 （b）	j 能连接到（且能连接后于）i	p_i— p_j— d_i—d_j	$le_1+le_2+le_3+le_4+le_5+le_6$ $+le_7+le_8+le_9$	0	0
	i 不能连接到 j	—	$le_4+le_5+le_6+le_7+le_8+le_9$ $+le_1+le_2+le_3$	∞	0
图 3-11 （c）	j 能连接到（且能连接后于）i	k_i— p_j—d_j	$le_4+le_5+le_6+le_7+le_8+le_9$	L_1	0
	车辆 i 不能连接到 j	—	$le_4+le_5+le_6+le_7+le_8+le_9$	∞	0

图 3-12 为 PD-pair（或车辆）i 和 PD-pair j 依运输模式Ⅰ构造的路径。表 3-2 列出了该路径中相关路段的长度。

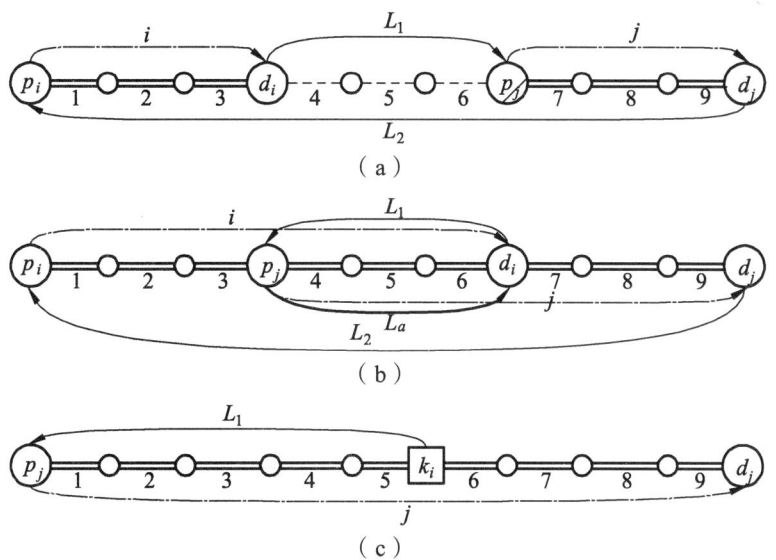

（a）

（b）

（c）

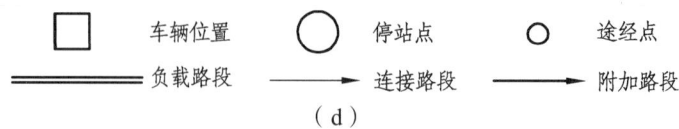

（d）

图 3-12　运输模式 I 中 PD-pair（或车辆）i 和 PD-pair j 间路径结构的长度

表 3-2　依运输模式 I 构造的路径中 PD-pair（或车辆）i 和
PD-pair j 间的 le_e，$lc_{i,j}^l$ 和 $la_{i,j}^l$

示例	规则	路径	负载路段长度 (le_e)	连接路段长度 ($lc_{i,j}^l$)	附加路段长度 ($la_{i,j}^l$)
图 3-12 (a)	j 能连接到（且能连接后于）i	p_i—d_i p_j—d_j	$le_1+le_2+le_3+le_7+le_8+le_9$	L_1	0
	i 能连接到（且能连接后于）j	p_j—d_j p_i—d_i	$le_7+le_8+le_9+le_1+le_2+le_3$	L_2	0
图 3-12 (b)	j 能连接到（且能连接后于）i	p_i—d_i p_j—d_j	$le_1+le_2+le_3+le_4+le_5+le_6+le_7+le_8+le_9$	L_1	La
	i 能连接到（且能连接后于）j	p_j—d_j p_i—d_i	$le_4+le_5+le_6+le_7+le_8+le_9+le_1+le_2+le_3$	L_2	La
图 3-12 (c)	j 能连接到（且能连接后于）i	k_i—p_j—d_j	$le_1+le_2+le_3+le_4+le_5+le_6+le_7+le_8+le_9$	L_1	0
	车辆 i 不能连接到 j	—	$le_1+le_2+le_3+le_4+le_5+le_6+le_7+le_8+le_9$	∞	0

运输模式 II 为运输模式 I 和运输模式 III 的组合，按照运输模式 II 组成的路径中的路段与按照运输模式 I 和运输模式 III 组成的路径中的路段类似，因此不再赘述。

3. 两个 PD-pair 组成的路径上的点

在一条由 PD-pair i 和 j 依运输模式 l 组成的路径中，车辆 k 访问的点可分为停站点（车辆 k 的停站点）和途经点（车辆 k 途经但不停站的点）。

在运输模式Ⅰ中，有些点可能被重复停靠。以图 3-13 为例，车辆沿着由 PD-pair j 依运输模式Ⅰ连接到 PD-pair i 所构成的路径 p_i/p_j—d_i—p_i/p_j—d_j 运行，该路径中的停站点包括一次停站点（车辆停靠一次的点，d_i，d_j）和额外停站点（车辆停靠超过一次的点，p_i/p_j）。定义 $so_{i,n}$ 和 $so_{j,n}$ 为 PD-pair i 和 j 是否在节点 n 取货送的判断参数，定义 $sa_{i,j,n}^l$ 为节点 n 是否被重复停靠的判断参数。图 3-13 中其余未编号的点为途经点。

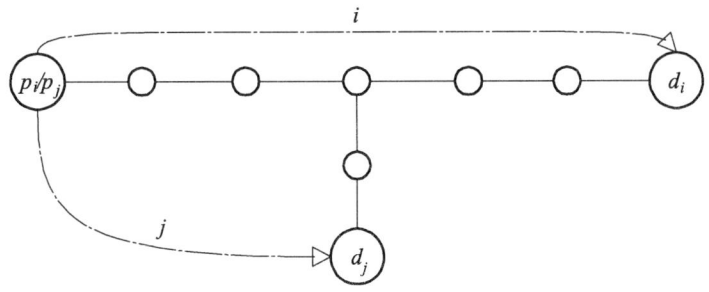

图 3-13 两个 PD-pair 组合路径的停站点和途经点

据上分析可知，由 PD-pair（或车辆）i 和 PD-pair j 依模式 l 组成的各类路径的相关判断参数 $ct_{i,j}^l$、$ca_{i,j}^l$、$cp_{i,j}^l$、$lc_{i,j}^l$、$la_{i,j}^l$ 和 $sa_{i,j,n}^l$ 的取值为常量，与所选的运输模式有关，也与两个 PD-pair 或 PD-pair/车辆间的相对位置相关，其主要情形下的具体取值可见附录 A。

3.4.4 OPDPST 的路径构造及表示方法

本小节将基于上节所研究的两个 PD-pair 间和 PD-pair 与车辆间的连接关系，进一步研究需求按最短路运输的一对一取送路径问题（OPDPST）的路径构造规则。

图 3-14 为一个实际连通图，图中有 3 个 PD-pair 需要运输。本节将基于 PD-pair 间和 PD-pair 与车辆间连接关系，分运输模式Ⅰ和运输模式Ⅲ两种情况来分析其路径的构造（运输模式Ⅱ是前两者的综合，在此不再另行分析）。令 $x_{i,j}^{k,l}$ 为通过车辆 k 将 PD-pair j 依运输模式 l 连接到 PD-pair i 的决策变量，当 $x_{i,j}^{k,l}=1$ 且 $ct_{i,j}^l=1$（或 $ca_{i,j}^l=1$）时，表示 PD-pair j 成

功依运输模式 l 连接到（或连接后于）PD-pair i。其中，PD-pair 集合为 $P=\{i_1, i_2, i_3\}$；当 $i=p+1=4$ 时，i 表示车辆。

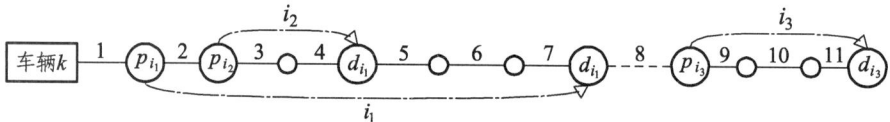

图 3-14 含有 1 辆车和 3 个 PD-pair 的路径

1. 运输模式Ⅲ条件下 OPDPST 的路径构造

表 3-3 列出了根据上节中的 2 个 PD-pair 或 PD-pair 和车辆间连接关系理论，依运输模式Ⅲ构造的图 3-14 示例的 4 种运输路径表示方案（部分方案），及相关路段长度的计算结果。根据上节定义可知，在运输模式Ⅲ中无附加路段，即所有 $la_{i,j}^{Ⅲ}=0$。

表 3-3 运输模式Ⅲ中各路径方案的相关路段长度

方案	决策变量	负载路段长度	连接路段长度	被重复计算路段长度
a_1	$x_{p+1,i_1}^{k,Ⅲ}=1$, $x_{i_1,i_2}^{k,Ⅲ}=1$, $x_{i_2,i_3}^{k,Ⅲ}=1$	$le_2+le_3+le_4+le_5+le_6+le_7+le_9+le_{10}+le_{11}$	le_1+le_8	—
b_1	$x_{p+1,i_1}^{k,Ⅲ}=1$, $x_{i_1,i_2}^{k,Ⅲ}=1$, $x_{i_2,i_3}^{k,Ⅲ}=1$	$le_2+le_3+le_4+le_5+le_6+le_7+le_9+le_{10}+le_{11}$	$le_1+le_1+le_2+le_8$	le_1+le_2
c_1	$x_{p+1,i_1}^{k,Ⅲ}=1$, $x_{i_1,i_2}^{k,Ⅲ}=1$, $x_{i_2,i_3}^{k,Ⅲ}=1$	$le_2+le_3+le_4+le_5+le_6+le_7+le_9+le_{10}+le_{11}$	$le_1+le_5+le_6+le_7+le_8$	$le_5+le_6+le_7$
d_1	$x_{p+1,i_1}^{k,Ⅲ}=1$, $x_{i_1,i_2}^{k,Ⅲ}=1$, $x_{p+1,i_3}^{k,Ⅲ}=1$	$le_2+le_3+le_4+le_5+le_6+le_7+le_9+le_{10}+le_{11}$	$le_1+le_1+le_2+le_3+le_4+le_5+le_6+le_7+le_8$	$le_1+le_2+le_3+le_4+le_5+le_6+le_7$

显然，方案 a_1 是 4 种方案中的唯一一个可行解，其路径为 $k—p_{i_1}—p_{i_2}—d_{i_2}—d_{i_1}—p_{i_3}—d_{i_3}$。其余 3 种方案路径生成失败，因为按照上一节

中的方法，在其他 3 种方案中路径长度均存在重复计算部分路段长度的情况。为避免路段长度重复计算，本书提出依照运输模式Ⅲ构造 OPDPST 路径过程中应遵循的 6 个规则。

规则 3-1：当 $ct_{i,j}^{\text{Ⅲ}}=1$ 时，PD-pair j 方能依运输模式Ⅲ连接到 PD-pair i。

规则 3-2：每个 PD-pair i_1 最多只能连接到一个车辆 k 或者另一个 PD-pair i_2，而且被连接的 PD-pair i_2 必须已经成功连接后于另一个 PD-pair i_3。

规则 3-3：不允许有多个 PD-pair 连接后于任一车辆或 PD-pair。

规则 3-4：任一 PD-pair 不能连接到自己。

规则 3-5：任何路径中都不能形成环（Cycle）或自环（Loop）。

规则 3-6：未被运输的 PD-pair 不能连接到其他 PD-pair 或车辆。

上述规则中，规则 3-1，规则 3-4，规则 3-5 和规则 3-6 是显然的。

规则 3-2 和规则 3-3 主要为防止路径方案中出现部分路段被重复计算，以图 3-14 为例，说明如下：

若采用运输模式Ⅲ，根据以上规则，PD-pair i_1 必须连接到（且连接后于）车辆 k，即 $x_{p+1,i_1}^{k,\text{Ⅲ}}=1$，因为 $ct_{p+1,i_1}^{\text{Ⅲ}}=1$，$ca_{p+1,i_1}^{\text{Ⅲ}}=1$，$ct_{i_2,i_1}^{\text{Ⅲ}}=0$ 且 $ct_{i_3,i_1}^{\text{Ⅲ}}=0$；继而 PD-pair i_2 必须连接于 PD-pair i_1（$x_{i_1,i_2}^{k,\text{Ⅲ}}=1$），因为 $ct_{i_1,i_2}^{\text{Ⅲ}}=1$，$ct_{i_3,i_2}^{\text{Ⅲ}}=0$ 且 $x_{p+1,i_1}^{k,\text{Ⅲ}} \cdot ca_{p+1,i_1}^{\text{Ⅲ}}=1$，如 PD-pair i_2 连接到车辆 k 则违反规则 3-3，连接到 PD-pair i_3 则违反规则 3-1；继而 PD-pair i_3 必须连接到（且连接后于）PD-pair i_1（$x_{i_1,i_3}^{k,\text{Ⅲ}}=1$），因为 $ct_{i_1,i_3}^{\text{Ⅲ}}=1$ 且 $x_{p+1,i_1}^{k,\text{Ⅲ}} \cdot ct_{p+1,i_2}^{\text{Ⅲ}}=1$，如 PD-pair i_3 连接到车辆 k 则违反规则 3-3，连接到 PD-pair i_2 则违反规则 3-2。因此，可行路径中 PD-pair 和车辆之间连接关系决策变量取值为：$x_{p+1,i_1}^{k,\text{Ⅲ}}=1$，$x_{i_1,i_2}^{k,\text{Ⅲ}}=1$ 且 $x_{i_1,i_3}^{k,\text{Ⅲ}}=1$，即方案 a_1 可行。

在方案 b_1 中，PD-pair i_1 和 i_2 均连接到（且连接后于）车辆，违反了规则 3-3，造成路段 1 和 2 的长度被重复计算，故方案不可行。

在方案 c_1 中，PD-pair i_3 连接到 PD-pair i_2，而 PD-pair i_2 未连接后于任何 PD-pair 或车辆，违反了规则 3-2，造成路段 5，6 和 7 的长度被重复计算，故方案不可行。

在方案 d_1 中，PD-pair i_1 和 i_3 均连接到（且连接后于）车辆，违反了规则 3-3，造成路段 1，2，3，4，5，6 和 7 的长度被重复计算，故方案不可行。

2. 运输模式 I 条件下 OPDPST 的路径构造

表 3-4 列出了根据上节中的 2 个 PD-pair 或 PD-pair 和车辆间连接关系理论，依照运输模式 I 构造的图 3-14 示例的 4 种运输路径表示方案（部分方案）及相关路段长度的计算结果。

表 3-4 运输模式 I 中各路径方案的相关区段长度

方案	决策变量	负载路段长度	连接路段长度	附加路段长度	重复或遗漏计算的路段长度（+/-）
a_2	$x_{p+1,i_1}^{k,\text{I}}=1$，$x_{i_1,i_2}^{k,\text{I}}=1$，$x_{i_2,i_3}^{k,\text{I}}=1$	$le_2+le_3+le_4+le_5+le_6+le_7+le+le_{10}+le_{11}$	$le_1+le_7+le_6+le_5+le_4+le_3+le_5+le_6+le_7+le_8$	le_3+le_4	—
b_2	$x_{p+1,i_1}^{k,\text{I}}=1$，$x_{p+1,i_2}^{k,\text{I}}=1$，$x_{i_1,i_3}^{k,\text{I}}=1$	$le_2+le_3+le_4+le_5+le_6+le_7+le+le_{10}+le_{11}$	$le_1+le_1+le_2+le_8$	le_3+le_4	$+le_1+le_2$
c_2	$x_{p+1,i_1}^{k,\text{I}}=1$，$x_{i_1,i_2}^{k,\text{I}}=1$，$x_{i_1,i_3}^{k,\text{I}}=1$	$le_2+le_3+le_4+le_5+le_6+le_7+le+le_{10}+le_{11}$	$le_1+le_7+le_6+le_5+le_4+le_3+le_8$	le_3+le_4	$-le_5-le_6-le_7$
d_2	$x_{p+1,i_1}^{k,\text{I}}=1$，$x_{i_1,i_2}^{k,\text{I}}=1$，$x_{p+1,i_3}^{k,\text{I}}=1$	$le_2+le_3+le_4+le_5+le_6+le_7+le+le_{10}+le_{11}$	$le_1+le_7+le_6+le_5+le_4+le_3+le_1+le_2+le_3+le_4+le_5+le_6+le_7+le_8$	le_3+le_4	$+le_1+le_2+le_3+le_4$

显然，方案 a_2 是 4 种方案中的唯一一个可行解，其路径为 $k-p_{i_1}-d_{i_2}-p_{i_2}-d_{i_2}-p_{i_3}-d_{i_3}$，其余 3 种方案路径生成失败。因为按照上一节中的方法，在其他 3 种方案中路径长度均存在重复（或遗漏）计算部分路段长度的情况。为避免路段长度重复（或遗漏）计算，依运输模式 III 构造 OPDPST 路径过程中应遵循的 6 个规则依然适用于依运输模式 I 构

造 OPDPST 路径。只需在描述的时候将规则 3-1 改为：当 $ct_{i,j}^{\mathrm{I}}=1$ 时，PD-pair j 方能依运输模式 I 连接到 PD-pair i。

在运输模式 I 中，一个 PD-pair 先被取送，然后取送另一个。由此易知，所有 PD-pair 可以依运输模式 I 连接到（且连接后于）另一 PD-pair 或车辆，即 $ct_{i,j}^{\mathrm{I}}=1$ 且 $ca_{i,j}^{\mathrm{I}}=1$（$\forall i=1,\cdots,p+1, j=1,\cdots,p$），这意味着规则 3-2 也是必然的。

对于规则 3-3，以图 3-14 为例，说明如下：

在方案 a_2 中，所有规则均被满足，路径长度计算无误，方案可行。

在方案 b_2 中，PD-pair i_1 和 i_2 均连接到（且连接后于）车辆，违反了规则 3-3，造成路段 1 和 2 的长度被重复计算，故方案不可行。

在方案 c_2 中，PD-pair i_2 和 i_3 均连接到 PD-pair i_1，违反了规则 3-3，造成路段 5，6 和 7 的长度被遗漏计算，故方案不可行。

在方案 d_2 中，PD-pair i_1 和 i_3 均连接到（且连接后于）车辆，违反了规则 3-3，造成路段 1，2，3 和 4 的长度被重复计算，故方案不可行。

3.5 小 结

本章首先总结了传统 OPDP 的路径结构和建模表示方法，继而根据实际应用的特点提出需求按最短路运输的一对一取送路径问题（OPDPST），分析了 OPDPST 的特征和 3 种代表性的车辆运输模式，进而从 PD-pair 间或 PD-pair 和车辆间连接关系的角度研究 OPDPST 的路径构造原则和表示方法，为该问题的后续建模及算法设计提供理论基础。

第 4 章
OPDPST 建模、求解研究及应用前景分析

本章拟基于需求按最短路运输的一对一取送路径问题（OPDPST）的路径结构理论，建立各类 OPDPST 模型并采用精确算法软件 Gurobi 求解计算，进而比较分析各类 OPDPST 模型解的特征和应用前景，为后面的研究打下理论基础。

4.1 问题描述及模型

4.1.1 问题描述

在一个连通图 $G=(N,E)$ 中，$N=\{1,\cdots,n\}$ 为顶点的集合，$E=\{1,\cdots,e\}$ 为边的集合，$P=\{1,\cdots,p\}$ 为 PD-pair 的集合，$K=\{1,\cdots,m\}$ 为车辆的集合。PD-pair i 的量为 q_i，收益为 π_i。车辆 k 的装载能力为 Q^k，固定使用成本为 vc^k，单位里程的运输成本为 tc^k，在顶点 n 的停站成本为 sc_n^k。

其他假设如下：

（1）每个 PD-pair 不能被拆分并且必须按从取点到送点间的最短路运输。

（2）每个车辆不用回到车场，其运行里程上限为 D（从第一个取点到最后一个送点），停站次数上限为 M_0（从第一个取点到最后一个送点）。

（3）车辆的总成本包括固定使用成本、运输成本和停站成本。为保证收益最大化，允许部分 PD-pair 不被运送。

（4）路网上任意两点间仅存在一条最短路。

本问题的目标是找到一条使运输收益最大的车辆路径方案。

OPDPST 与传统 OPDP 关键的不同之处在于 PD-pair 要求按最短路运输。除此之外，在部分实际问题中还不允许车辆在某次运输任务中重复访问同一站点，即车辆需沿着实际连通图中的路径（Path）运行。因此，本章将基于第 3 章所研究的 3 种车辆运输模式：运输模型 I（One-by-one）、运输模式 II（Hybrid）和运输模式 III（Path），并采用 PD-pair 间和 PD-pair 与车辆间连接关系的方式来更好地描述 OPDPST，其自变量数量仅与车辆和 PD-pair 的数量有关，较传统 OPDP 基于点与点之间连接关系表示模式的自变量数量大为下降，预计将使后续相关求解算法的编码效率大幅提高。

4.1.2 符号说明

模型中所涉及的符号说明如表 4-1 所示。

$ct_{i,j}^l$、$ca_{i,j}^l$、$cp_{i,j}^l$ 和 $sa_{i,j,n}^l$ 已在第 3.4.3 节研究，其主要情形下的具体取值见附录 A。其余常量比较直观，其取值均可根据具体算例在建模前直接或经简单处理后得出。

表 4-1 符号说明

符号	定义	属性
q_i	PD-pair i 的需求量	常量
π_i	PD-pair i 的收入	常量
Q^k	车辆 k 的装载能力	常量
vc^k	车辆 k 的固定使用成本	常量
tc^k	车辆 k 的单位里程运输成本	常量
sc_n^k	车辆 k 在节点 n 的停站成本	常量
le_e	边 e 的长度	常量

续表

符号	定义	属性
$ld_{i,e}$	PD-pair i 是否途经边 e 的判断矩阵	常量
$lc_{i,j}^{l}$	PD-pair j 依模式 l 连接到车辆/PD-pair i 所形成的连接路段长度，$i \in P$ 表示 PD-pair 集合，$i=p+1$ 时表示 i 为车辆	常量
$la_{i,j}^{l}$	PD-pair j 依模式 l 连接到车辆/PD-pair i 所形成的附加路段长度，$i \in P$ 表示 PD-pair 集合，$i=p+1$ 时表示 i 为车辆	常量
$ct_{i,j}^{l}$	PD-pair j 能否依模式 l 连接到车辆/PD-pair i 的判断参数，$i \in P$ 表示 PD-pair 集合，$i=p+1$ 时表示 i 为车辆	常量
$ca_{i,j}^{l}$	PD-pair j 能否依模式 l 连接后于车辆/PD-pair i 的判断参数，$i \in P$ 表示 PD-pair 集合，$i=p+1$ 时表示 i 为车辆	常量
$cp_{i,j}^{l}$	PD-pair j 能否依模式 l 拼入 PD-pair i 的判断参数，$i \in P$ 表示 PD-pair 集合	常量
$sa_{i,j,n}^{l}$	PD-pair j 依模式 l 连接到 PD-pair i 所形成的路段是否在点 n 停留两次的判断参数，$i \in P$ 表示 PD-pair 集合	常量
$so_{i,n}$	节点 n 是否为 PD-pair i 的取或送点的判断参数	常量
$x_{i,j}^{k,l}$	在车辆 k 上 PD-pair j 是否依模式 l 连接到 PD-pair i，$i \in P$ 表示 PD-pair 集合，$i=p+1$ 时表示 i 为车辆	变量
y_{e}^{k}	车辆 k 是否负载通过边 e	变量
u_{i}^{k}	PD-pair i 被车 k 装载的次序号，当 $x_{i,j}^{k,l}=1$ 时，$u_{i}^{k} < u_{j}^{k}$	变量
s_{n}^{k}	车辆 k 是否在点 n 停留	变量

4.1.3 数学模型

据第 3.4 节所述，本书将采用 PD-pair 间和 PD-pair 与车辆间的连接关系的方式，更好地描述需求按最短路运输的一对一取送路径问题（OPDPST）。结合车辆在运送 PD-pair 时的运输模式和现实应用情形，建立 3 类 OPDPST 模型并比较分析采用 Gurobi 求得的计算结果。

根据第3.4.2节对车辆运输模式的定义可得出初步判断：

（1）如客户无相关要求时采用运输模式Ⅰ（one-by-one）的效率显然是最低的，无需进一步与运输模式Ⅱ和Ⅲ对比计算验证。

（2）运输模式Ⅱ比运输模式Ⅲ的解空间更大，更有机会获得较好的解，但确切特征还需根据不同类型算例测试比较。

（3）为获得OPDPST的全局性的优化解，有必要在建模时提供同等机会选择以上3种代表性的运输模式。但为精简解空间以提高计算效率，在建模时按同等机会选择运输模式Ⅰ和运输模式Ⅱ即可，因为运输模式Ⅱ已经优先对运输模式Ⅲ进行了考虑。

结合上述分析和实际应用需要，确定各模型运输模式的选择方案如下：

模型Ⅰ：构造路径时运输模式Ⅰ和Ⅱ均允许选择，以获得OPDPST的全局性的优化解用于与其他模型对比；模型Ⅱ：构造路径时仅允许选择运输模式Ⅱ；模型Ⅲ：构造路径时仅允许选择运输模式Ⅲ。各类模型的运输模式选择方案如表4-2所示。

表4-2 模型的运输模式选择方案

	运输模式Ⅰ	运输模式Ⅱ	运输模式Ⅲ
模型Ⅰ	√	√	
模型Ⅱ		√	
模型Ⅲ			√

令 $l \in L$ 为模型的运输模式选择参数。如 $L=\{1, 2\}$，则为模型Ⅰ；如 $L=\{2\}$，则为模型Ⅱ；如 $L=\{3\}$，则为模型Ⅲ。显然模型解空间从小到大的顺序为模型Ⅲ、模型Ⅱ、模型Ⅰ。为简明直观，结合OPDPST的路径构造规则，可将以上3类OPDPST模型合并表述如下。

（1）目标函数。

① 总收入：

$$\sum_{k \in K} \sum_{l \in L} \sum_{i \in P} \sum_{j_0 \in P \cup \{p+1\}} \pi_i \cdot x_{j_0,i}^{k,l} \qquad (4\text{-}1)$$

② 总用车固定成本：

$$\sum_{k \in K} \sum_{l \in L} \sum_{j \in P} vc^k \cdot x_{p+1,j}^{k,l} \quad (4\text{-}2)$$

③ 负载路段总运输成本：

$$\sum_{k \in K} \sum_{e \in E} tc^k \cdot le_e \cdot y_e^k \quad (4\text{-}3)$$

④ 连接路段总运输成本：

$$\sum_{k \in K} \sum_{l \in L} \sum_{i \in P \cup \{p+1\}} \sum_{j \in P} tc^k \cdot lc_{i,j}^l \cdot x_{i,j}^{k,l} \quad (4\text{-}4)$$

⑤ 附加路段总运输成本：

$$\sum_{k \in K} \sum_{l \in L} \sum_{i \in P \cup \{p+1\}} \sum_{j \in P} tc^k \cdot la_{i,j}^l \cdot x_{i,j}^{k,l} \quad (4\text{-}5)$$

⑥ 总停站成本：

$$\sum_{k \in K} \sum_{n \in N} sc_n^k \cdot s_n^k \quad (4\text{-}6)$$

该问题的目标为寻找一种车辆路径方案使得总收益 $\sum_{k \in K} \sum_{l \in L} \sum_{i \in P} \sum_{j_0 \in P \cup \{p+1\}} \pi_i \cdot x_{j_0,j}^{k,l}$ −

$$\left[\sum_{k \in K} \sum_{l \in L} \sum_{j \in P} vc^k \cdot x_{p+1,j}^{k,l} + \sum_{k \in K} tc^k \cdot \left(\sum_{e \in E} le_e \cdot y_e^k + \sum_{l \in L} \sum_{i \in P \cup \{p+1\}} \sum_{j \in P} (lc_{i,j}^l + la_{i,j}^l) \cdot x_{i,j}^{k,l} \right) + \right.$$

$$\left. \sum_{k \in K} \sum_{n \in N} sc_n^k \cdot s_n^k \right] \text{最大化。}$$

（2）约束条件。

$$x_{i,j}^{k,l} \leq ct_{i,j}^l, \quad \forall k \in K, l \in L, i, j \in P \quad (4\text{-}7)$$

$$x_{i,j}^{k,l} \leq \sum_{i_0 \in P \cup \{p+1\}} x_{i_0,i}^{k,l} \cdot ca_{i_0,i}^l, \quad \forall k \in K, l \in L, i \in P, j \in P \quad (4\text{-}8)$$

$$\sum_{j \in P} \sum_{l = L} x_{i,j}^{k,l} \cdot ca_{i,j}^l \leq 1, \quad \forall k \in K, i \in P \cup \{p+1\} \quad (4\text{-}9)$$

$$x_{i,i}^{k,l} = 0, \quad \forall k \in K, l \in L, i \in P \quad (4\text{-}10)$$

$$u_i^k - u_j^k + n \cdot x_{i,j}^{k,l} \leq n - 1, \quad \forall k \in K, l \in L, i, j \in P \quad (4\text{-}11)$$

$$\sum_{k \in K} \sum_{l \in L} \sum_{j \in P \cup \{p+1\}} x_{j,i}^{k,l} \leqslant 1, \quad \forall i \in P \qquad (4-12)$$

$$\sum_{l \in L} \sum_{j_0 \in P \cup \{p+1\}} x_{j_0,i}^{k,l} \cdot ld_{i,e} \cdot q_i + \sum_{l \in L} \sum_{j \in P} x_{i,j}^{k,l} \cdot cp_{i,j}^{l} \cdot ld_{j,e} \cdot q_j \leqslant Q^k, \infty$$

$$\forall k \in K, i \in P, e \in E \qquad (4-13)$$

$$s_n^k \geqslant \sum_{l \in L} \sum_{j_0 \in P \cup \{p+1\}} so_{i,n} \cdot x_{j_0,i}^{k,l} + \sum_{l \in L} \sum_{j=P} sa_{i,j,n}^{l} \cdot x_{i,j}^{k,l},$$

$$\forall k \in K, i \in P, n \in N \qquad (4-14)$$

$$\sum_{n \in N} s_n^k \leqslant M_0, \quad \forall k \in K \qquad (4-15)$$

$$\sum_{l \in L} \sum_{j_0 \in P \cup \{p+1\}} x_{j_0,i}^{k,l} \cdot ld_{i,e} \leqslant y_e^k, \quad \forall k \in K, i \in P, e \in E \qquad (4-16)$$

$$y_e^k \leqslant \sum_{l \in L} \sum_{j \in P} x_{p+1,j}^{k,l}, \quad \forall k \in K, e \in E \qquad (4-17)$$

$$\sum_{e \in E} y_e^k \cdot le_e + \sum_{l \in L} \sum_{i \in P} \sum_{j \in P} x_{i,j}^{k,l} \cdot (lc_{i,j}^l + la_{i,j}^l) \leqslant D, \; \forall k \in K \qquad (4-18)$$

约束条件式（4-7）~式（4-11）确定 PD-pair 之间或 PD-pair 和车辆之间的连接关系；式（4-12）确保每个 PD-pair 不能被多次运输；式（4-13）确保车辆 k 不超载；式（4-14）确定车辆是否在 n 点停站；式（4-15）确保车辆 k 停站次数（从第一个取点到最后一个送点）不超过限制 M_0；式（4-16）确定车辆 k 负载通过的边；式（4-17）确保每条路径分配有车辆；式（4-18）确保车辆 k 运行里程（从第一个取点到最后一个送点）不超过限制 D。

（3）决策变量。

$$x_{i,j}^{k,l} \in \{0,1\}, \quad \forall k \in K, l \in L, i \in P \cup \{p+1\}, j \in P \qquad (4-19)$$

$$y_e^k \in \{0,1\}, \quad \forall k \in K, e \in E \qquad (4-20)$$

$$u_i^k \in \{1,2,3,\cdots\}, \quad \forall k \in K, i \in P \qquad (4-21)$$

$$s_n^k \in \{0,1\}, \quad \forall k \in K, n \in N \qquad (4-22)$$

式（4-19）~式（4-22）分别为决策变量的取值范围。

4.1.4 OPDPST 和传统 OPDP 的区别

综上可知，本书研究的需求按最短路运输的一对一取送路径问题（OPDPST）与传统 OPDP 主要区别如表 4-3 所示。

表 4-3　OPDPST 和传统 OPDP 主要的区别

要素	OPDPST	传统 OPDP
路网图	实际连通图	完全图
车辆	运输模式Ⅰ、Ⅱ和Ⅲ可选：运输模式Ⅰ（One-by-one），运输模式Ⅱ（Hybrid）和运输模式Ⅲ（Path）	车辆运行于完全图中的路径，但在实际连通图中可能不是一条路径（可能重复访问某点）
PD-pair	通过最短路运输	—
决策变量	$x_{i,j}^{k,l}$：运输模式 l 条件下车辆/PD-pair i 和 PD-pair j 间的连接关系	$x_{i,j}^{k}$：节点 i 和节点 j 间的连接关系
连接关系判断参数	$ct_{i,j}^{l}$：PD-pair j 能否依运输模式 l 连接到车辆或 PD-pair i 的判断参数；$ca_{i,j}^{l}$：PD-pair j 能否依运输模式 l 连接后于车辆或 PD-pair i 的判断参数	—
决策结果	$x_{i,j}^{k,l} \cdot ct_{i,j}^{l}=1$：PD-pair j 成功通过车辆 k 依运输模式 l 连接到 PD-pair i；$x_{i,j}^{k,l} \cdot ca_{i,j}^{l}=1$：PD-pair j 成功通过车辆 k 依运输模式 l 连接后于 PD-pair i	$x_{i,j}^{k}=1$：车辆 k 先访问节点 i 再访问节点 j

4.2　OPDPST 算例设计及精确算法计算结果

4.2.1　算例设计

每个算例被命名为：m_0-m_1-m_2-m_3-m_4-e-c。其中 m_0-m_1 表示图的大小规格，$1/m_2$ 表示每条边的删除概率，$1/m_3$ 表示两点间 PD-pair 的生成概率，$1/m_4$ 表示每点上车辆的生成概率，e 表示收益，c 表示成本。以 3-4-

10-3-3-5-20 为例，某连通图的规模为 3×4（12 个节点，132 对理论点对），每条边的删除概率为 1/10，任意两点对间的 PD-pair 生成概率为 1/3，每个点以 1/3 的概率生成车辆，单位需求单位里程收益为 5，单位里程成本为 20。算例中每条边的长度设置为[0.5, 1.5]；每辆车的装载能力设置为 100；每个 PD-pair 的需求量被设置为[10, 20]。路网上任意两点间只存在一条最短路径。全书算例中路网节点间最短路均采用 Dijkstra 算法[155]。

本节按照上述方法生成各类路网规模算例 54 个，其中小规模路网（3×4）算例 18 个，中等规模路网（6×8）算例 16 个，大规模路网（10×10）算例 20 个。

在一些应用中，车辆运输里程过长或者停站次数过多都会使得车辆运行时间过长，从而使得计划的实施容易受到未知的外在因素影响。因此，为更好地计算分析各类需求按最短路运输的一对一取送路径问题（OPDPST）模型的特性，本章分两种情况设置车辆运输里程上限和停站次数上限，从而把上述 54 个算例进一步分为 2 类 108 个算例。在第一类 54 个算例中，车辆的运输距离上限设置为图上最远两点间的距离 l_0（保证所有 PD-pair 均能被运输的最短车辆运行里程），车辆停站次数上限设置为 2（m_0+1），该类算例称之为单倍距离（One_D）算例；在第二类 54 个算例中，车辆的运行里程上限设置为图上最远两点距离 l_0（保证所有 PD-pair 均能被运输的最短车辆运行里程）的 10 倍，车辆停站次数上限设置为 4（m_0+1），该类算例称之为十倍距离（Ten_D）算例。如表 4-4 所示，以上 2 类算例的区别仅在于车辆运行里程和停站次数的限制不同，共计 108 个算例，算例具体数据参见附录 B 中的 OPDPST 算例数据。

表 4-4 各种规模路网算例中车辆数量、停站次数和运行里程限制

规模	停站次数和运行里程限制	
	One_D	Ten_D
小规模（3×4）		
中规模（6×8）	2（m_0+1），l_0	4（m_0+1），10×l_0
大规模（10×10）		

4.2.2 计算环境及算法参数设置

计算所用计算机的主要参数配置为：Intel（R）Core（TM）i7-4510U 2.00 Gigahertz processor+8 Gigabyte RAM，操作系统为：64-bit Windows 8 系统。需求按最短路运输的一对一取送路径问题（OPDPST）的模型为整数线性规划模型（Integer Linear Programming，ILP），采用 Gurobi 7.5.2 通过 Yalmip 工具箱嵌入 Matlab 进行编程计算。

在采用 Gurobi 求解算例时，终止条件统一被设置为计算时间超过 80 000 秒或表 4-5 中的 $Gap \leqslant 5\%$。终止时间设置比较长的目的是为至少得到算例的一个可行解进行比较。在计算结果中，被 Gurobi 求得的算例解的上界也被列出以便进行比较分析。

4.2.3 计算结果

计算结果中相关指标及其缩写如表 4-5 所示。

表 4-5 计算结果相关指标及符号定义

缩写	定义
UB_i	Gurobi 获得 ILP 模型 i 的解的上界
LB_i	Gurobi 获得 ILP 模型 i 的最好可行解
Gap	Gurobi 获得模型 i 的 LB_i 和 UB_i 的差值。$Gap = (UB_i - LB_i)/UB_i (\%)$
$Gap\_LB_1\_LB_i$	Gurobi 获得模型 i 的 LB_i 与模型 I 的 LB_1 之间的差值（%）。$Gap\_LB_1\_LB_i = (LB_i - LB_1)/LB_1$
$Time$	Gurobi 的计算时间（s）

One_D 算例的 3 种不同模型采用 Gurobi 求解所得结果如表 4-6、表 4-7 和表 4-8 所示。Ten_D 算例的 3 种不同模型采用 Gurobi 求解所得结果如表 4-9、表 4-10 和表 4-11 所示。

第4章　OPDPST建模、求解研究及应用前景分析

表4-6 小规模路网 One_D 算例计算结果比较

算例	需求数	车辆数	模型Ⅰ				模型Ⅱ					模型Ⅲ				
			$UB_Ⅰ$	$LB_Ⅰ$	Gap	Time	$UB_Ⅱ$	$LB_Ⅱ$	Gap	$Gap\_LB_Ⅰ\_LB_Ⅱ$	Time	$UB_Ⅲ$	$LB_Ⅲ$	Gap	$Gap\_LB_Ⅰ\_LB_Ⅲ$	Time
3-4-10-3-1-5-5	42	42	10 201	9 906	2.89%	20 783	9 992	9 910	0.82%	-0.04%	7 526	9 918	9 918	0.00%	-0.12%	6 293
3-4-10-3-1-5-20	42	42	51 349	51 218	0.26%	80 079	51 218	51 218	0.00%	0.00%	40 948	51 214	51 214	0.00%	0.01%	3 369
3-4-10-3-3-5-5	47	16	10 242	9 950	2.85%	80 074	10 082	9 976	1.05%	-0.26%	62 590	9 942	9 942	0.00%	0.08%	12 132
3-4-10-3-3-5-20	43	15	61 932	61 804	0.21%	38 187	61 926	61 769	0.25%	0.06%	5 453	61 814	61 814	0.00%	-0.02%	703
3-4-10-3-10-5-5	42	5	6 546	6 546	0.00%	1 647	6 546	6 546	0.00%	0.00%	356	6 546	6 546	0.00%	0.00%	33
3-4-10-3-10-5-20	48	5	34 863	34 863	0.00%	2 425	34 863	34 863	0.00%	0.00%	623	34 863	34 863	0.00%	0.00%	73
3-4-10-5-1-5-5	25	25	5 635	5 635	0.00%	76 166	5 635	5 635	0.00%	0.00%	33 632	5 584	5 584	0.00%	0.91%	26
3-4-10-5-1-5-20	23	23	22 583	22 583	0.00%	43 092	22 583	22 583	0.00%	0.00%	305	22 563	22 563	0.00%	0.09%	82
3-4-10-5-3-5-5	33	11	8 819	8 819	0.00%	9 767	8 896	8 819	0.87%	0.00%	2 900	8 638	8 638	0.00%	0.02%	120
3-4-10-5-3-5-20	30	10	30 573	30 573	0.00%	2 437	30 573	30 573	0.00%	0.00%	1 306	30 048	30 048	0.00%	1.72%	35
3-4-10-5-10-5-5	28	3	3 274	3 274	0.00%	18	3 274	3 274	0.00%	0.00%	10	3 274	3 274	0.00%	0.00%	3
3-4-10-5-10-5-20	24	3	11 602	11 602	0.00%	21	11 602	11 602	0.00%	0.00%	14	11 372	11 372	0.00%	1.98%	5
3-4-10-10-1-5-5	12	12	2 211	2 211	0.00%	25	2 211	2 211	0.00%	0.00%	2	2 184	2 184	0.00%	1.22%	2
3-4-10-10-1-5-20	13	13	13 926	13 926	0.00%	38	13 926	13 926	0.00%	0.00%	3	13 907	13 907	0.00%	0.14%	3
3-4-10-10-3-5-5	17	6	3 096	3 096	0.00%	695	3 096	3 096	0.00%	0.00%	3	3 026	3 026	0.00%	2.26%	3
3-4-10-10-3-5-20	13	3	14 274	14 274	0.00%	8	14 274	14 274	0.00%	0.00%	3	13 455	13 455	0.00%	5.74%	2
3-4-10-10-10-5-5	13	2	985	985	0.00%	3	985	985	0.00%	0.00%	1	820	820	0.00%	16.75%	1
3-4-10-10-10-5-20	14	2	5 370	5 370	0.00%	2	5 370	5 370	0.00%	0.00%	1	5 370	5 370	0.00%	0.00%	1

表 4-7 中等规模路网 One_D 算例计算结果比较

算例	需求数	车辆数	模型 I					模型 II						模型 III				
			UB_I	LB_I	Gap	Time		UB_{II}	LB_{II}	Gap	$Gap\_LB_I\_LB_{II}$	Time		UB_{III}	LB_{III}	Gap	$Gap\_LB_I\_LB_{III}$	Time
6-8-10-50-3-5-5	52	18	25 965	24 816	4.43%	39 126		25 814	25 040	3.00%	-0.90%	28 235		24 889	24 306	2.34%	2.06%	6 570
6-8-10-50-3-5-20	33	11	69 732	64 626	7.32%	80 019		69 610	64 626	7.16%	0.00%	80 017		58 548	58 548	0.00%	9.40%	115
6-8-10-50-10-5-5	44	5	9 231	8 999	2.51%	25 668		8 999	8 999	0.00%	0.00%	7 542		8 399	8 399	0.00%	6.67%	48
6-8-10-50-10-5-20	30	3	19 893	19 893	0.00%	270		19 893	19 893	0.00%	0.00%	100		18 820	18 820	0.00%	5.39%	6
6-8-10-100-1-5-5	19	19	8 875	8 749	1.42%	500		8 751	8 751	0.00%	-0.02%	148		8 631	8 631	0.00%	1.35%	5
6-8-10-100-1-5-20	20	20	45 049	45 049	0.00%	865		45 049	45 049	0.00%	0.00%	214		44 943	44 943	0.00%	0.23%	8
6-8-10-100-3-5-5	27	9	13 230	12 585	4.88%	19 861		12 585	12 585	0.00%	0.00%	9 948		12 099	12 099	0.00%	3.86%	11
6-8-10-100-3-5-20	22	8	48 376	46 153	4.60%	54 297		48 350	46 153	4.54%	0.00%	11 903		42 959	42 959	0.00%	6.92%	6
6-8-10-100-10-5-5	25	3	5 344	5 344	0.00%	17		5 344	5 344	0.00%	0.00%	9		4 503	4 503	0.00%	15.74%	2
6-8-10-100-10-5-20	18	2	13 646	13 646	0.00%	5		13 646	13 646	0.00%	0.00%	3		11 337	11 337	0.00%	16.92%	1
6-8-10-200-1-5-5	14	14	6 286	6 286	0.00%	391		6 286	6 286	0.00%	0.00%	29		6 259	6 259	0.00%	0.43%	3
6-8-10-200-1-5-20	15	15	45 339	45 339	0.00%	41		45 339	45 339	0.00%	0.00%	13		45 304	45 304	0.00%	0.08%	2
6-8-10-200-3-5-5	11	4	3 679	3 679	0.00%	12		3 679	3 679	0.00%	0.00%	4		3 114	3 114	0.00%	15.36%	1
6-8-10-200-3-5-20	16	6	27 930	27 930	0.00%	80		27 930	27 930	0.00%	0.00%	19		26 364	26 364	0.00%	5.61%	2
6-8-10-200-10-5-5	11	2	2 255	2 255	0.00%	1		2 255	2 255	0.00%	0.00%	4		2 255	2 255	0.00%	0.00%	1
6-8-10-200-10-5-20	12	2	2 316	2 316	0.00%	2		2 316	2 316	0.00%	0.00%	1		2 047	2 047	0.00%	11.61%	6

第 4 章 OPDPST 建模、求解研究及应用前景分析

表 4-8 大规模模路网 One_D 算例计算结果比较

算例	需求数	车辆数	模型 I				模型 II					模型 III				
			UB_I	LB_I	Gap	Time	UB_{II}	LB_{II}	Gap	$Gap\ LB_I\_LB_{II}$	Time	UB_{III}	LB_{III}	Gap	$Gap\ LB_I\_LB_{III}$	Time
10-10-10-100-10-5-5	113	12	53 456	28 556	46.58%	80 161	45 157	29 630	34.38%	-3.76%	80 124	30 969	27 900	9.91%	2.30%	80 098
10-10-10-100-10-5-20	76	8	77 131	73 493	4.72%	12 974	77 118	73 392	4.83%	0.14%	8 035	75 881	73 493	3.15%	0.00%	27 718
10-10-10-200-1-5-5	44	44	33 380	32 545	2.50%	22 017	33 219	32 545	2.03%	0.00%	10 122	32 489	32 489	0.00%	0.17%	409
10-10-10-200-1-5-20	49	49	140 624	139 624	0.71%	34 280	140 401	139 584	0.58%	0.03%	26 053	139 540	139 540	0.00%	0.06%	455
10-10-10-200-3-5-5	45	15	32 480	27 472	15.42%	80 186	31 010	27 549	11.16%	-0.28%	80 116	25 354	25 354	0.00%	7.71%	125
10-10-10-200-3-5-20	60	20	185 107	159 354	13.91%	80 185	184 778	164 075	11.20%	-2.96%	80 131	161 965	153 295	5.35%	3.80%	80 068
10-10-10-200-10-5-5	54	6	15 370	13 901	9.56%	80 183	14 484	13 901	4.03%	0.00%	14 496	13 535	13 535	0.00%	2.63%	326
10-10-10-200-10-5-20	64	7	100 195	77 637	22.51%	80 088	88 261	77 740	11.92%	-0.13%	80 068	69 713	67 265	3.51%	13.36%	5 501
10-10-10-500-1-5-5	20	20	12 440	12 396	0.35%	9 619	12 396	12 396	0.00%	0.00%	184	12 319	12 319	0.00%	0.62%	15
10-10-10-500-1-5-20	13	13	48 902	48 902	0.00%	43	48 902	48 902	0.00%	0.00%	4	48 746	48 746	0.00%	0.32%	3
10-10-10-500-3-5-5	17	6	58 420	54 350	6.97%	80 029	54 350	54 350	0.00%	0.00%	22 087	49 095	49 095	0.00%	9.67%	13
10-10-10-500-3-5-20	19	7	44 767	44 758	0.02%	38 429	44 758	44 758	0.00%	0.00%	256	41 360	41 360	0.00%	7.59%	14
10-10-10-500-10-5-5	18	2	3 838	3 838	0.00%	2	3838	3 838	0.00%	0.00%	1	3 509	3 509	0.00%	8.57%	1
10-10-10-500-10-5-20	22	3	28 719	28 719	0.00%	62	28 719	28 719	0.00%	0.00%	11	23 315	23 315	0.00%	18.82%	3
10-10-10-1 000-1-5-5	12	12	7 403	7 403	0.00%	4	7 403	7 403	0.00%	0.00%	2	7 392	7 392	0.00%	0.14%	2
10-10-10-1 000-1-5-20	12	12	33 269	33 269	0.00%	12	33 269	33 269	0.00%	0.00%	3	33 227	33 227	0.00%	0.13%	8
10-10-10-1 000-3-5-5	11	11	4 315	4 315	0.00%	2	4 315	4 315	0.00%	0.00%	1	4 039	4 039	0.00%	6.40%	3
10-10-10-1 000-3-5-20	9	3	19 101	19 101	0.00%	3	19 101	19 101	0.00%	0.00%	1	14 620	14 620	0.00%	23.46%	2
10-10-10-1 000-10-5-5	9	1	3 081	3 081	0.00%	1	3 081	3 081	0.00%	0.00%	1	3 067	3 067	0.00%	0.45%	1
10-10-10-1 000-10-5-20	7	1	7 775	7 775	0.00%	1	7 775	7 775	0.00%	0.00%	4	6 105	6 105	0.00%	21.48%	1

表 4-9 小规模路网 Ten_D 算例计算结果比较

算例	需求数	车辆数	模型 I				模型 II					模型 III			
			UB_I	LB_I	Gap	Time	UB_{II}	LB_{II}	Gap	$Gap\_LB_I\_LB_{II}$	Time	UB_{III}	LB_{III}	Gap	$Gap\_LB_I\_LB_{III}$	Time
3-4-10-3-1-5-5	42	42	10 384	10 129	2.46%	25 827	10 350	10 209	1.36%	-0.79%	27 264	10 051	9 967	0.84%	1.60%	13 042
3-4-10-3-1-5-20	42	42	51 732	51 341	0.76%	21 179	51 703	51 500	0.39%	-0.31%	9 712	51 486	51 319	0.32%	0.04%	2 571
3-4-10-3-3-5-5	47	16	10 500	10 332	1.60%	40 378	10 473	10 339	1.28%	-0.07%	29 455	10 042	10 042	0.00%	2.81%	24 218
3-4-10-3-3-5-20	43	15	62 256	62 024	0.37%	80 100	62 248	62 070	0.29%	0.03%	11 685	61 846	61 846	0.00%	0.29%	6 427
3-4-10-3-5-5-5	42	5	12 307	12 224	0.67%	4 463	12 295	12 220	0.61%	-0.08%	1 243	8 819	8 819	0.00%	27.86%	100
3-4-10-3-5-5-20	48	5	53 882	53 743	0.26%	17 973	53 902	53 788	0.21%	0.00%	1 713	41 891	41 891	0.00%	22.05%	206
3-4-10-5-1-5-5	25	25	5 830	5 827	0.05%	16 589	5 827	5 827	0.00%	0.00%	1 204	5 616	5 616	0.00%	3.62%	41
3-4-10-5-1-5-20	23	23	22 811	22 795	0.07%	7 283	22 795	22 795	0.00%	0.00%	878	22 608	22 608	0.00%	0.82%	77
3-4-10-5-3-5-5	33	11	9 239	9 169	0.76%	32 399	9 169	9 169	0.00%	-0.01%	29 472	8 817	8 817	0.00%	3.84%	653
3-4-10-5-3-5-20	30	10	32 574	32 498	0.23%	7 572	32 502	32 502	0.00%	0.00%	2 822	32 230	32 230	0.00%	0.82%	373
3-4-10-5-5-5-5	28	3	6 600	6 600	0.00%	179	6 600	6 600	0.00%	0.00%	82	3 967	3 967	0.00%	39.89%	10
3-4-10-5-5-5-20	24	3	24 147	24 147	0.00%	399	24 147	24 147	0.00%	0.00%	52	14 643	14 643	0.00%	39.36%	2
3-4-10-10-1-5-5	12	12	2 250	2 250	0.00%	37	2 250	2 250	0.00%	0.00%	5	2 199	2 199	0.00%	2.27%	2
3-4-10-10-1-5-20	13	13	14 059	14 059	0.00%	27	14 059	14 059	0.00%	0.00%	5	13 968	13 968	0.00%	0.65%	4
3-4-10-10-3-5-5	17	6	3 549	3 549	0.00%	189	3 549	3 549	0.00%	0.00%	13	3 266	3 266	0.00%	7.97%	7
3-4-10-10-3-5-20	13	3	15 931	15 931	0.00%	9	15 931	15 931	0.00%	0.00%	2	14 032	14 032	0.00%	11.92%	3
3-4-10-10-5-5-5	13	2	1 459	1 459	0.00%	4	1 459	1 459	0.00%	0.00%	1	895	895	0.00%	38.66%	2
3-4-10-10-5-5-20	14	2	12 575	12 575	0.00%	3	12 575	12 575	0.00%	0.00%	1	7 372	7 372	0.00%	41.38%	1

注：用黑体表示车辆数不足（车辆数/PD-pair 数比不小于 1/3）的算例。

表 4-10 中等规模路网 Ten_D 算例计算结果比较

算例	需求数	车辆数	模型 I				模型 II			$Gap\_LB_I\_LB_{II}$	Time	模型 III				$Gap\_LB_{II}\_LB_{III}$	Time
			UB_I	LB_I	Gap	Time	UB_{II}	LB_{II}	Gap			UB_{III}	LB_{III}	Gap			
6-8-10-50-1-5-5	42	42	18 309	17 869	2.40%	80 191	18 254	17 906	1.91%	−0.21%	36 160	17 577	17 577	0.00%	1.63%	1 742
6-8-10-50-1-5-20	44	44	90 369	89 788	0.64%	60 129	90 300	89 827	0.52%	−0.04%	36 344	89 472	89 472	0.00%	0.35%	602
6-8-10-50-3-5-5	52	18	26 682	25 939	2.78%	80 241	26 640	25 942	2.62%	−0.01%	65 342	25 564	25 564	0.00%	1.45%	3000
6-8-10-50-3-5-20	33	11	78 640	78 331	0.39%	74 822	78 532	78 345	0.24%	−0.02%	68 462	72 227	72 227	0.00%	7.79%	152
6-8-10-50-10-5-5	44	5	20 957	20 556	1.91%	37 042	20 729	20 603	0.61%	−0.23%	27 371	10 659	10 659	0.00%	48.15%	31
6-8-10-50-10-5-20	30	3	57 703	57 703	0.00%	1 275	57 703	57 703	0.00%	0.00%	150	25 298	25 298	0.00%	56.16%	3
6-8-10-100-1-5-5	19	19	9 010	8 970	0.44%	8 433	8 970	8 970	0.00%	0.00%	1 014	8 654	8 654	0.00%	3.52%	3
6-8-10-100-1-5-20	20	20	45 345	45 284	0.13%	8 327	45 294	45 294	0.00%	−0.02%	2 271	44 955	44 955	0.00%	0.73%	5
6-8-10-100-3-5-5	27	9	16 248	16 152	0.59%	26 231	16 168	16 168	0.00%	−0.10%	5 139	14 027	14 027	0.00%	13.16%	87
6-8-10-100-3-5-20	22	8	48 696	48 696	0.00%	3 557	48 696	48 696	0.00%	0.00%	149	46 926	46 926	0.00%	3.63%	6
6-8-10-100-10-5-5	25	3	12 915	12 915	0.00%	201	12 915	12 915	0.00%	0.00%	30	2 407	2 407	0.00%	81.36%	1
6-8-10-100-10-5-20	18	2	45 695	45 695	0.00%	25	45 695	45 695	0.00%	0.00%	2	9 731	9 731	0.00%	78.70%	1
6-8-10-200-1-5-5	14	14	6 442	6 442	0.00%	325	6 442	6 442	0.00%	0.00%	13	6 273	6 273	0.00%	2.62%	2
6-8-10-200-1-5-20	15	15	45 608	45 608	0.00%	1 090	45 608	45 608	0.00%	0.00%	25	45 304	45 304	0.00%	0.67%	2
6-8-10-200-3-5-5	11	4	4 497	4 497	0.00%	9	4 497	4 497	0.00%	0.00%	6	3 341	3 341	0.00%	25.71%	1
6-8-10-200-3-5-20	16	6	34 655	34 655	0.00%	93	34 655	34 655	0.00%	0.00%	52	32 705	32 705	0.00%	5.63%	1
6-8-10-200-10-5-5	11	2	5 173	5 173	0.00%	6	5 173	5 173	0.00%	0.00%	2	2 407	2 407	0.00%	53.47%	1
6-8-10-200-10-5-20	12	2	4 684	4 684	0.00%	2	4 684	4 684	0.00%	0.00%	1	2 444	2 444	0.00%	47.82%	1

注：用黑体表示车辆数不足（车辆数/PD-pair 数比不小于 1/3）的算例。

表 4-11 大规模路网 Ten_D 算例计算结果比较

算例	需求数	车辆数	模型I UB$_I$	LB$_I$	Gap	Time	模型II UB$_{II}$	LB$_{II}$	Gap	Gap_LB$_I$/LB$_{II}$	Time	模型III UB$_{III}$	LB$_{III}$	Gap	Gap_LB$_I$/LB$_{III}$	Time
10-10-10-200-1-5-5	44	44	33 658	32 919	2.20%	44 435	33 477	33 031	1.33%	-0.34%	40 345	32 562	32 562	0.00%	1.08%	823
10-10-10-200-1-5-20	49	49	140 871	140 089	0.56%	36 827	140 764	140 087	0.48%	0.00%	5 836	139 599	139 599	0.00%	0.35%	1 085
10-10-10-200-3-5-5	45	15	33 361	32 521	2.52%	40 797	33 160	32 748	1.24%	-0.70%	14 785	31 182	30 810	1.19%	5.26%	14 904
10-10-10-200-3-5-20	60	20	186 100	184 438	0.89%	40 755	185 914	184 722	0.64%	-0.15%	30 309	176 838	176 838	0.00%	4.12%	28 716
10-10-10-200-10-5-5	54	6	42 908	42 045	2.01%	38 980	42 829	42 132	1.63%	-0.21%	2 172	18 828	18 828	0.00%	55.22%	168
10-10-10-200-10-5-20	64	7	215 929	213 902	0.94%	15 992	215 670	214 579	0.51%	-0.32%	12 545	98 235	94 157	4.15%	55.98%	16 542
10-10-10-500-1-5-5	20	20	12 552	12 552	0.00%	2 229	12 552	12 552	0.00%	0.00%	110	12 319	12 319	0.00%	1.86%	5
10-10-10-500-1-5-20	13	13	49 081	49 081	0.00%	117	49 081	49 081	0.00%	0.00%	9	48 781	48 781	0.00%	0.61%	2
10-10-10-500-3-5-5	17	6	50 414	50 414	0.00%	30	50 414	50 414	0.00%	0.00%	2	48 817	48 817	0.00%	3.17%	2
10-10-10-500-3-5-20	19	7	60 630	60 630	0.00%	264	60 630	60 630	0.00%	0.00%	39	54 655	54 655	0.00%	9.85%	3
10-10-10-500-10-5-5	18	2	13 081	13 081	0.00%	55	13 081	13 081	0.00%	0.00%	3	5 211	5 211	0.00%	60.16%	6
10-10-10-500-10-5-20	22	3	62 638	62 638	0.00%	680	62 638	62 638	0.00%	0.00%	29	28 354	28 354	0.00%	54.73%	5
10-10-10-1 000-1-5-5	12	12	7 511	7 511	0.00%	6	7 511	7 511	0.00%	0.00%	3	7 446	7 446	0.00%	0.87%	1
10-10-10-1 000-1-5-20	12	12	33 390	33 390	0.00%	33	33 390	33 390	0.00%	0.00%	9	33 251	33 251	0.00%	0.42%	2
10-10-10-1 000-3-5-5	11	11	6 057	6 057	0.00%	3	6 057	6 057	0.00%	0.00%	3	4 870	4 870	0.00%	19.60%	2
10-10-10-1 000-3-5-20	9	3	24 133	24 133	0.00%	5	24 133	24 133	0.00%	0.00%	1	14 624	14 624	0.00%	39.40%	2
10-10-10-1 000-10-5-5	11	2	9 833	9 833	0.00%	3	9 833	9 833	0.00%	0.00%	1	5 380	5 380	0.00%	45.29%	1
10-10-10-1 000-10-5-20	7	1	21 276	21 276	0.00%	5	21 276	21 276	0.00%	0.00%	1	6 105	6 105	0.00%	71.31%	3

注：用黑体表示车辆数充足（车辆数/PD-pair 数比不小于 1/3）的算例。

结果表明:

(1) 对于大多数 One_D 和 Ten_D 算例,模型Ⅱ能花较少的求解时间获得与模型Ⅰ同样质量的解。

如图 4-1 和图 4-2 所示,模型Ⅱ花较少的 Gurobi 求解时间获得了与模型Ⅰ同样好的解。由于求解时间的限制,对于部分算例模型Ⅱ求解所得结果甚至好于模型Ⅰ求解所得结果($Gap\_LB_Ⅰ\_LB_Ⅱ<0.00\%$)。为便于对比,图中的求解时间进行了取对数折算。

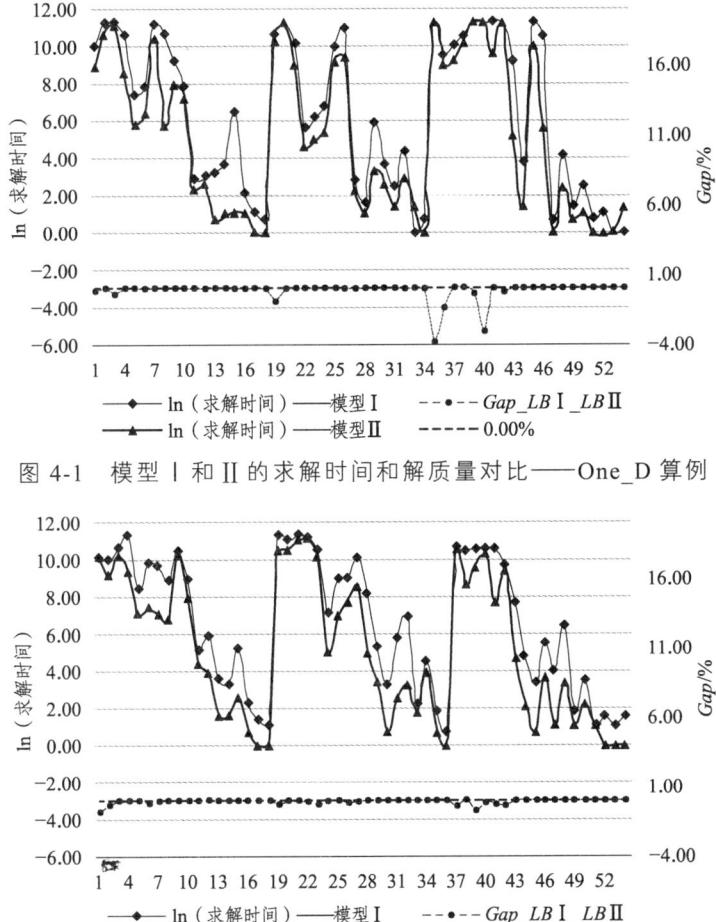

图 4-1 模型Ⅰ和Ⅱ的求解时间和解质量对比——One_D 算例

图 4-2 模型Ⅰ和Ⅱ的求解时间和解质量对比——Ten_D 算例

（2）对于大多数 One_D 算例，模型Ⅲ能花更少的求解时间获得比较接近模型Ⅰ的解，大多数情况下两者的差值 $Gap\_LB_Ⅰ\_LB_Ⅲ$ 不大于 10%。

图 4-3 为 One_D 算例分别采用模型Ⅰ和Ⅲ的求解时间和解质量对比。为便于对比，图中的计算时间进行了取对数折算。

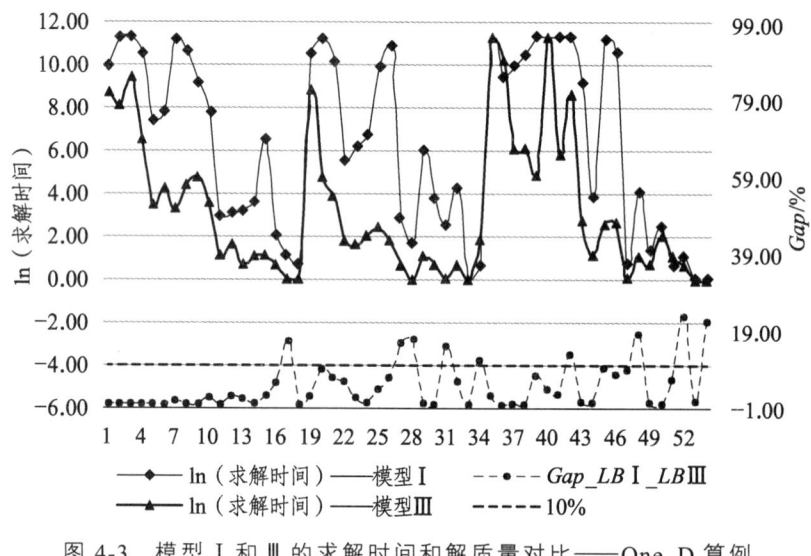

图 4-3 模型Ⅰ和Ⅲ的求解时间和解质量对比——One_D 算例

（3）对于 Ten_D 算例，当车辆数量充足时（不小于 PD-pair 数的 1/3），模型Ⅲ能花更少的求解时间获得比较接近模型Ⅰ的解，大多数情况下两者的差值 $Gap\_LB_Ⅰ\_LB_Ⅲ$ 不大于 10%。个别差值大于 10% 的算例中 PD-pair 数和车辆数偏小。

图 4-4 和图 4-5 中的虚框中为车辆数/PD-pair 数不小于 1/3 的 Ten_D 算例。图中显示，这些算例分别采用模型Ⅰ和模型Ⅲ求解所得结果中大多数 $Gap\_LB_Ⅰ\_LB_Ⅲ$ 不大于 10%，且模型Ⅲ所用求解时间更少。为便于对比，图中算例按车辆数和 PD-pair 数比值降序排序，图 4-5 中的计算时间进行了取对数折算。

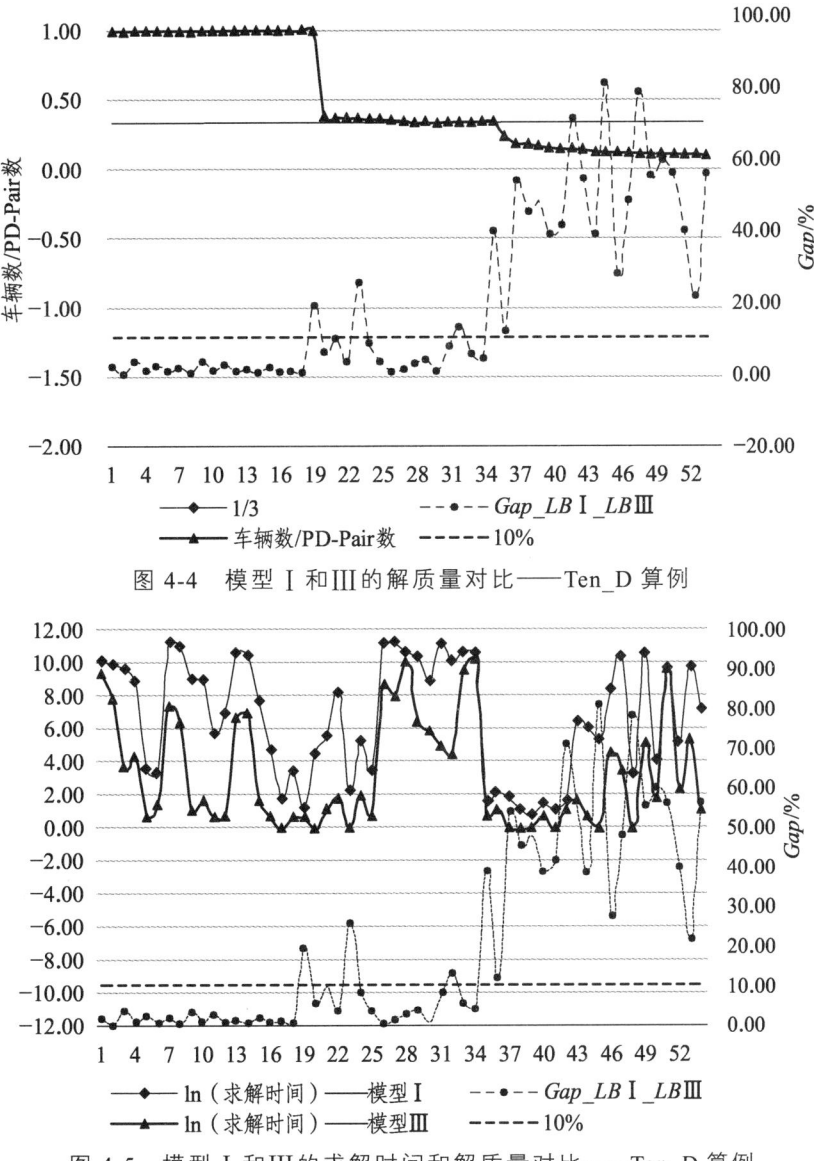

图 4-4 模型Ⅰ和Ⅲ的解质量对比——Ten_D 算例

图 4-5 模型Ⅰ和Ⅲ的求解时间和解质量对比——Ten_D 算例

（4）PD-pair 数和车辆数是 Gurobi 求解时间的重要影响因素，随着 PD-pair 数和车辆数的增加，这一规律愈加明显。为便于对比，图中相关指标的数值均进行了取对数折算。

图 4-6 和图 4-7 分别为 One_D 算例和 Ten_D 算例的 PD-pair 数、车辆数和相应模型的 Gurobi 求解时间对比。图中结果显示，PD-pair 数和车辆数对 Gurobi 求解时间的影响较大。

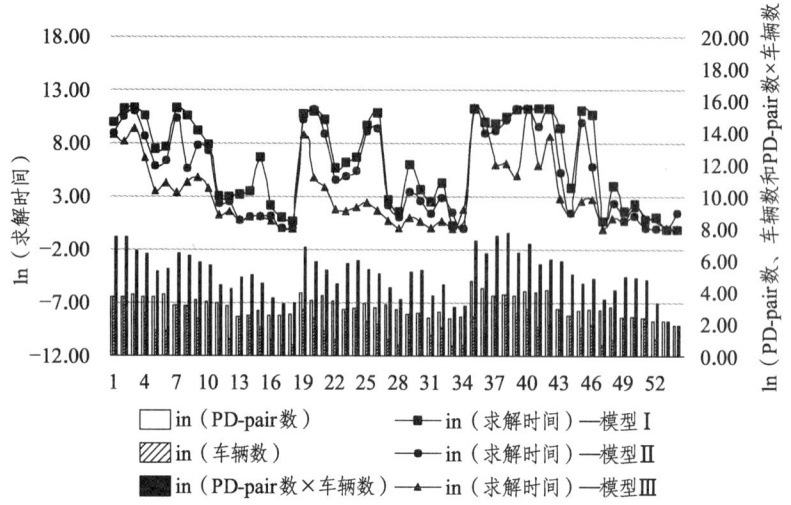

图 4-6　算例的 PD-pair 数、车辆数和相应模型的求解时间对比——One_D 算例

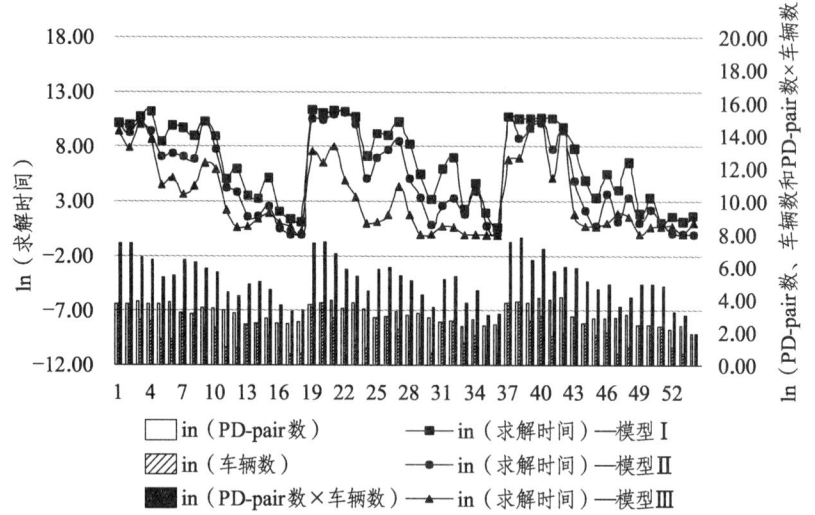

图 4-7　算例的 PD-pair 数、车辆数和相应模型的求解时间对比——Ten_D 算例

下节将就上述结果展开进一步的分析。

4.3 OPDPST 各类模型的解特征和应用前景分析

表 4-12 为结合第 4.1.3 节中 3 类模型的运输模式分析和第 4.2.3 节中的算例计算结果所得的 3 类需求按最短路运输的一对一取送路径问题（OPDPST）模型的求解时间和解质量的差异对比。

表 4-12 3 类 OPDPST 模型的求解时间和解质量的差异对比

模型	运输模式选择	求解质量	求解时间
模型 Ⅰ	允许选择以下 2 种运输模式： （1）运输模式Ⅰ（One-by-one）：依次运送； （2）运输模式Ⅱ（Hybrid）：优先按运输模式Ⅲ运输，不成功则选择运输模式Ⅰ	较好，约等于模型Ⅱ	最多
模型 Ⅱ	运输模式Ⅱ（Hybrid）：优先按运输模式Ⅲ运输，不成功则选择运输模式Ⅰ	较好，约等于模型Ⅰ	较多
模型 Ⅲ	运输模式Ⅲ（Path）：允许需求共乘车辆且车辆按实际连通图中的路径（Path）运行	稍差（车辆运行距离较短或车辆数量充足时解质量接近于模型Ⅰ和模型Ⅱ）	最少

据此，本节将对 OPDPST 各类模型的解空间维数、求解时间、求解质量和应用前景展开分析。

4.3.1 OPDPST 各类模型的解空间维数和求解时间分析

上述各类需求按最短路运输的一对一取送路径问题（OPDPST）模型均为 ILP 模型，模型中的变量包括 $x_{i,j}^{k,l}$，y_e^k，u_i^k 和 s_n^k，变量总数为：$N = m \cdot nl \cdot (p+1) \cdot p + m \cdot e + m \cdot p + m \cdot n$，其中 m 为车辆总数，nl 为各模型运输模式选择参数总数，p 为 PD-pair 总数，e 为图中边的数量，n 为图中点的数量。因为模型中仅有约束条件式（4-10）为等式，其对应等式方程数量为 $m \cdot nl \cdot p$ 且均为单个变量方程，即方程组的秩为 $R(a) = m \cdot nl \cdot p$。

故 OPDPST 各类模型理论解空间维数为 $N-R(a)=[m\cdot nl\cdot(p+1)\cdot p+m\cdot e+m\cdot p+m\cdot n]-[m\cdot nl\cdot p]=m\cdot nl\cdot p\cdot p+m\cdot e+m\cdot p+m\cdot n$。表 4-13 为 OPDPST 模型的理论解空间维数的对比。

表 4-13 各模型解空间维数

模型	nl	变量数	秩	理论解空间维数
模型 I	2	$2\cdot m\cdot(p+1)\cdot p+m\cdot e+m\cdot p+m\cdot n$	$2\cdot m\cdot p$	$2\cdot m\cdot p\cdot p+m\cdot e+m\cdot p+m\cdot n$
模型 II	1	$m\cdot(p+1)\cdot p+m\cdot e+m\cdot p+m\cdot n$	$m\cdot p$	$m\cdot p\cdot p+m\cdot e+m\cdot p+m\cdot n$
模型 III	1	$m\cdot(p+1)\cdot p+m\cdot e+m\cdot p+m\cdot n$	$m\cdot p$	$m\cdot p\cdot p+m\cdot e+m\cdot p+m\cdot n$

如表 4-13 所示,模型 II 和模型 III 解空间的维数一样,均远小于模型 I。另外,假如 $ct_{i,j}^l=0$,模型中的约束条件式(4-7)实质上变成了等式方程,也即模型的理论解空间维数将进一步变小。根据 3 种运输模式的定义易知,在运输模式 III 中的需求组合成功概率小于其余两种运输模式,因此模型 III 中 $ct_{i,j}^l$ 取值为 0 的比例远高于模型 I 和模型 II,所以模型 III 中方程组的秩将进一步增加,也即模型 III 的实际解空间维数将更小。

以计算出最优解的 One_D 类算例 6-8-10-100-3-5-5 为例,其理论解空间维数、实际解空间维数和计算时间如表 4-14 所示,表中将 $ct_{i,j}^l$ 取值为 0 的元素个数称为修正秩。易知修正秩的上限为 $p\cdot(p-1)=27\times26=702$,如修正秩取上限值时意味着任意两个 PD-pair 均不能相互组合,一辆车只能运送一个 PD-pair,问题变为指派问题,可以在更短的时间内求解出最优解。

表 4-14 示例 3 类 OPDPST 模型的解空间维数、求解时间和最优解对比

模型	nl	变量数量	秩	理论解空间维数	修正秩	实际解空间维数	求解时间/s	最优解
模型 I	2	2×9×(27+1)×27+9×142+9×27+9×48=15 561	2×9×27=486	15 561−486=15 075	0	15 075−0=15 075	19 861	12 585
模型 II	2	9×(27+1)×27+9×142+9×27+9×48=8 757	9×27=243	8 757−243=8 514	0	8 514−0=8 514	9 948	12 585
模型 III	2	9×(27+1)×27+9×142+9×27+9×48=8 757	9×27=243	8 757−243=8 514	546	8 514−546=7 968	11	12 099

由表 4-14 可知：

（1）模型Ⅱ和模型Ⅲ的变量数相同，而模型Ⅰ的变量数是模型Ⅱ和模型Ⅲ的近 2 倍。模型的变量数初步决定了模型理论解空间维数和求解时间的数量级。

（2）模型Ⅱ的变量数量仅为模型Ⅰ的一半，因而其解空间维数约为模型Ⅰ的一半，使得其能在更短的计算时间内求得与模型Ⅰ相同的解。如求解时间有限制时，模型Ⅱ甚至可能求得比模型Ⅰ更好的可行解，参看第 4.2.3 节的计算结果。

（3）模型中等式约束方程的秩尤其是修正秩对模型的求解影响也很大，随着修正秩的增加，解的可行组合数量急剧下降，模型的求解时间也随之大幅下降。

（4）模型Ⅲ不仅变量数为模型Ⅰ的一半，而且实际解空间维数也小于模型Ⅰ，特别是其修正秩远大于模型Ⅰ和模型Ⅱ，故其求解时间远小于模型Ⅰ和模型Ⅱ。

4.3.2 OPDPST 各类模型的解质量差异原因分析

因模型Ⅰ和模型Ⅱ解的质量相差不大，本节将着重对模型Ⅲ与上述两个模型解质量的差异原因进行分析。

1. 模型Ⅲ的解劣于模型Ⅰ和模型Ⅱ的原因分析

根据表 4-14 中的对比可知，模型Ⅲ的解劣于模型Ⅰ和模型Ⅱ的主要原因为模型Ⅲ的修正秩较大，实际解空间维数小于其他两个模型。

2. 车辆数对各类模型解的影响

根据第 4.2.3 节的结果分析可知：当车辆数量充足时（不少于 PD-pair 数量的 1/3），模型Ⅲ能花更少的计算时间获得比较接近模型Ⅰ的解，大多数情况下两者的差值 $Gap\_LB_Ⅰ\_LB_Ⅲ$ 不大于 10%。分析其原因可能因为在模型Ⅲ中，当某需求无法和某车辆上的某些需求共乘时，由于可供需求选乘的车辆充足，需求选择其他车辆成功运送的概率比较高。确切原因有待未来深入研究，本书暂不深入。

3. 车辆运行距离上限对各类模型解的影响

根据第 4.2.3 节计算结果分析可知：当车辆运行距离有一定上限（如为路网最远两点间距离）时，模型Ⅲ能花更少的计算时间获得比较接近模型Ⅰ的解，大多数情况下两者的差值 $Gap\_LB_Ⅰ\_LB_Ⅲ$ 不大于 10%。分析其原因可能因为运输模式Ⅰ中的车辆运行距离相对要长于运输模式Ⅲ（Path）中的车辆运行距离，但车辆运行距离限制降低了模型Ⅰ中需求采用运输模式Ⅰ（One-by-one）的概率，从而使得模型Ⅰ所选的方案实际上接近于模型Ⅲ的运输模式Ⅲ（Path），造成两者解的差异不大。确切原因有待未来深入研究，本书暂不深入。

4.3.3　OPDPST 各类模型的应用前景

根据第 4.1.3 节分析可知，模型Ⅰ允许自由选择Ⅰ和Ⅱ两种运输模式，其目的为尽可能获得全局性的优化解，用以对比其余两类模型的求解质量。根据第 4.2.3 节的算例计算结果分析可知，模型Ⅱ能在较少的求解时间内获得与模型Ⅰ质量相当的解。显然，如不限制共乘车辆，则模型Ⅰ在实际应用中价值不高，完全可以被模型Ⅱ所替代。因此，本节不再就模型Ⅰ的应用前景展开分析。

对于模型Ⅱ而言，其解的水平略高于模型Ⅲ，但所需的计算时间较长，因此适用于乘客对时效性要求不高的较长运行时间和距离，且车辆数量偏少的静态点对点取送路径问题，如预约性的网约车静态调度问题等。

但如第 3.3 节所述，与货物对运输过程要求相对简单不同，在旅客运输组织过程中旅客倾向于按最快的速度经最短的路径到达目的地，以获得良好的运输体验，即旅客希望按最短路运输，这一要求在运输品质要求较高的运输组织方式中尤为明显，如网约车运输和高速铁路旅客运输等。除旅客需按最短路运输这一要求之外，车辆的运输路径往往还要求为一条在实际连通图中的路径（Path），即车辆不能重复访问任一站点的要求。第二个要求实质上是求解需求按最短路运输的一对一取送路径问题（OPDPST）的一种启发式思路，虽然按照这种思路可能会丢掉一些更好的解，但却能大大提高问题的求解效率，也避免了车辆重复访问同一站点时出现旅客上错车的现象。该思路在一些实际问题中已获得了成功的应用，如在旅客列车开行方案等问题中，列车在单次开行中一般不重复访问任一站点。又如第4.2.3节的计算结果和第4.3.1节的分析表明，在一些特定情形下，同时考虑以上2个要求的模型Ⅲ还有可能在较短的时间内获得质量不错的可行解。

因此，模型Ⅲ具有较广的应用空间。本书拟结合网约车调度和路网型高速铁路旅客列车开行方案编制两个问题，着重分析模型Ⅲ的实际应用前景。

1. 模型Ⅲ在网约车调度问题中的应用

在城市公共交通体系中，出租车是一种用户体验最好的运输方式之一，传统的电招、网招更使得该运输方式的效率和乘客体验不断提升。传统的出租车调度问题本质上就是一个指派问题，只要完善了通信网络，组织方案的优化就相对比较简单。

随着通信网络技术的快速实时化，网约车拼车这一提高车辆运输效率的乘车模式逐渐兴起，但该模式出现近十年来发展得一直不如预期那么快，其中既有乘客拼车意愿不高的因素，也有实时动态拼车组织调度效率不高等原因。

乘客起止点位置精度设置较高可以提高乘客的满意度，但同时也将使得拼车的难度大大增加，影响拼车的实现。乘客起止点位置精度设置过低可增加拼车可能，但同时也将使得乘客的出行体验水平大打折扣，造成乘客流失，最终也很难实现拼车。如把乘客上下车地点根据适当的精度归类到路网中的若干大节点上进行处理（即允许网约车在大节点附近一定范围内绕路接送旅客，该部分绕行线路的运行时间通过适当提高网约车车速等措施降低影响，忽略而不计入系统），将大大降低网约车动态调度系统运输方案实时动态优化的计算压力。

根据第4.2.3节的计算结果可知，当车辆运行里程限制为路网上最短两点间的距离或车辆数量达到 PD-pair 数量的 1/3 及以上时，模型Ⅲ能在很短的时间内求得与模型Ⅰ和模型Ⅱ相近的解。一般而言，网约车的运行线路计划应分时段考虑，过长的运行线路和时段设置将使调度计划易受路网上未知因素的影响而无法兑现，故每个时间阶段内网约车的最远运行里程应受到限制，这一限制一般不会超过路网上最长两点间的距离。另经获取滴滴公司的开放数据可知，实际路网上的网约车数量一般略大于同一时间段乘客约车订单数量。以 2016 年 11 月 24 日成都市网约车系统的供需数据为例，当日白天每小时平均约车单数为 10 000，同时有 15 000 辆车辆在线提供服务，车辆数量远超需求数量的 1/3。近年来，我国约车出行的订单数量增长较快，但网约车的数量也在持续增长，车辆数占订单数的比例总体还是维持在高于 1/3 的水平。

因此，网约车调度问题中的路径方案编制可采用本书所研究的模型Ⅲ快速求解，该类问题的主要特色要求可提炼为：在某城市的连通路网上，乘客必须经最短路运输；网约车在某一阶段路径方案中不能重复访问同一节点。下面将基于此应用展开理论和案例应用研究，以对本章的理论进行验证。

2. 模型Ⅲ在路网型高速铁路旅客列车开行方案编制问题中的应用

在传统的旅客列车开行方案编制过程中，一般要求旅客必须通过最短路运输且列车不能重复访问同一车站。这是实际经验的总结，其中有旅客需求、车底运用、停站成本、车站和线路通过能力负荷等的考虑。

近年来，我国高铁路网建设已初具规模，与传统基于干线的开行方案不同，路网型高速铁路旅客列车开行方案亟待研究。选择高速铁路出行的乘客更强调出行速度体验，这也是高速铁路在客运市场核心竞争力的体现。因此，在编制高速铁路旅客列车开行方案时应保证旅客经最短路运输。另外，由于高速铁路列车的运行和停站成本较高，重复停站容易造成开行成本大幅增加，因此在编制高速铁路旅客列车开行方案时更不主张重复停站。

实际上，基于车底运用及维护的需要，高速列车车底的交路相对路网来说大多不会很长，列车运行路径的里程限制一般不会超过路网上最长两站间的距离。因此，基于本书模型Ⅲ的相关理论来求解路网型高速铁路旅客列车开行方案编制问题是存在可行性的。

但列车开行方案是一项复杂的系统工程问题，为提高列车的上座率，站与站之间的需求需要进行适当拆分。此外，还需考虑乘客出行的时间窗、铁路通过能力、换乘等一系列问题。因此，OPDPST理论在路网型高速铁路旅客列车开行方案编制中的应用可作为本书后续应用拓展问题进行研究。

4.4 小　结

本章结合车辆在运送PD-pair时的运输模式和现实应用情形，采用了一种新的基于PD-pair间和PD-pair与车辆间连接关系的表示方法，建立了3类需求按最短路运输的一对一取送路径问题（OPDPST）模型。因为其中模型Ⅲ的路径按照PD-pair间和PD-pair与车辆间的连接关系描述，且每个节点最多被同一辆车停靠一次，所以在该模型中往路径中插入或从路径中删除PD-pair及其停靠点的操作比较简单。因此，预计模型Ⅲ中的路径方案比较容易进行编码，尤其适用于大规模问题的启发式算法设计。

经采用精确算法软件Gurobi对108个算例的计算结果表明：车辆数和需求数是求解时间的重要影响因素；模型Ⅱ能花较少的时间取得与模型Ⅰ几乎同样的解；模型Ⅲ求解所需时间最短，时效性最高，对于车辆运行里程上限不太长的算例或者车辆充足的算例，模型Ⅲ可以快速地获得与模型Ⅰ、Ⅱ质量相近的解。这一特性使模型Ⅲ在网约车调度等领域具有较大的应用前景。

下一章将进一步对模型Ⅲ展开研究，研究其路径结构可行理论，并设计2种新的多起点启发式算法用于该问题快速、高效地求解。

第 5 章

OPDPSTCP 模型、路径结构可行理论、启发式算法设计及算法研究

根据前面的研究，需求按最短路运输的一对一取送路径问题（OPDPST）中的模型Ⅲ（即允许需求共乘车辆且车辆按实际连通图中的路径运行的 Path 模式）在现实生活中有较大的应用前景。因此，本章拟结合前面的研究结论，将其命名为一种新的 OPDPST——基于连通图路径 OPDPST（OPDPSTCP），研究其路径结构可行理论，并设计 2 种新的多起点启发式算法和 5 种新的邻域变换方法，为快速、高效地求解 OPDPSTCP 相关大规模实际应用问题做好理论准备。

5.1 问题描述及模型

5.1.1 符号说明

本章所研究的 OPDPSTCP 属于基本 OPDPST 的一种类型，采用了和基本 OPDPST 同类的符号表示方法。OPSPSTCP 的模型即为 OPDPST 中的模型Ⅲ，其涉及的符号表示方式除 $lc_{i,j}^{l}$，$la_{i,j}^{l}$，$ct_{i,j}^{l}$，$ca_{i,j}^{l}$，$cp_{i,j}^{l}$，$sa_{i,j,n}^{l}$ 和 $x_{i,j}^{k,l}$ 之外均与第 4.1.2 节符号相同。

第 5 章　OPDPSTCP 模型、路径结构可行理论、启发式算法设计及算法研究

根据第 4.1.3 节所述，模型Ⅲ采用了运输模式Ⅲ，故以上符号中 l 的取值为 3。因第 4 章中 3 类模型的综合性模型中 $la_{i,j}^l$，$cp_{i,j}^l$ 和 $sa_{i,j,n}^l$ 均为针对模型Ⅰ和Ⅱ的情形而设置，对模型Ⅲ不起实质作用，故本章的 OPDPSTCP 模型中将其删去，下节将据此对模型Ⅲ重新进行表述。为简化表述，将上述 $lc_{i,j}^l$，$ct_{i,j}^l$，$ca_{i,j}^l$ 和 $x_{i,j}^{k,l}$ 简化成 $lc_{i,j}$，$ct_{i,j}$，$ca_{i,j}$ 和 $x_{i,j}^k$。对该 4 项符号说明如表 5-1 所示。

表 5-1　符号说明

符号	定义	属性
$lc_{i,j}$	PD-pair j 连接到车辆/PD-pair i 所形成的连接路段长度，$i \in P$ 表示 PD-pair 集合，$i=p+1$ 时表示 i 为车辆	常量
$ct_{i,j}$	PD-pair j 能否连接到车辆/PD-pair i 的判断参数，$i \in P$ 表示 PD-pair 集合，$i=p+1$ 时表示 i 为车辆	常量
$ca_{i,j}$	PD-pair j 能否连接后于车辆/PD-pair i 的判断参数，$i \in P$ 表示 PD-pair 集合，$i=p+1$ 时表示 i 为车辆	常量
$x_{i,j}^k$	在车辆 k 上 PD-pair j 是否连接到 PD-pair i，$i \in P$ 表示 PD-pair 集合，$i=p+1$ 时表示 i 为车辆	变量

5.1.2　数学模型

如上节所述，OPSPSTCP 的模型即为 OPDPST 中的模型Ⅲ，而 OPDPST 综合模型中的部分参数因模型Ⅰ和Ⅱ而设置，对模型Ⅲ不起实质作用，因此可将模型Ⅲ简化表述如下。

（1）目标函数。

①总收入：

$$\sum_{k \in K} \sum_{i \in P} \sum_{j \in P \cup \{p+1\}} \pi_i \cdot x_{j,i}^k \tag{5-1}$$

②总固定车辆使用成本：

$$\sum_{k \in K} \sum_{j \in P} vc^k \cdot x_{p+1,j}^k \tag{5-2}$$

③负载路段总运输成本：

$$\sum_{k\in K}\sum_{e\in E} tc^k \cdot le_e \cdot y_e^k \tag{5-3}$$

④连接路段总运输成本：

$$\sum_{k\in K}\sum_{i\in P\cup\{p+1\}}\sum_{j\in P} tc^k \cdot lc_{i,j} \cdot x_{i,j}^k \tag{5-4}$$

⑤总停站成本：

$$\sum_{k\in K}\sum_{n\in N} sc_n^k \cdot s_n^k \tag{5-5}$$

该问题的目标为寻找一种车辆路径方案使得总收益 $\sum_{k\in K}\sum_{i\in P}\sum_{j\in P\cup\{p+1\}} \pi_i \cdot x_{j,i}^k -$ $[\sum_{k\in K}\sum_{j\in P} vc^k \cdot x_{p+1,j}^k + \sum_{k\in K} tc^k \cdot (\sum_{e\in E} le_e \cdot y_e^k + \sum_{i\in P\cup\{p+1\}}\sum_{j\in P} lc_{i,j} \cdot x_{i,j}^k) + \sum_{k\in K}\sum_{n\in N} sc_n^k \cdot s_n^k]$ 最大化。

（2）约束条件。

$$x_{i,j}^k \leqslant ct_{i,j}, \quad \forall k\in K, i\in P\cup\{p+1\}, j\in P \tag{5-6}$$

$$x_{i,j}^k \leqslant \sum_{i_0\in P\cup\{p+1\}} ca_{i_0,i} \cdot x_{i_0,i}^k, \quad \forall k\in K, i\in P, j\in P \tag{5-7}$$

$$\sum_{j\in P} ca_{i,j} \cdot x_{i,j}^k \leqslant 1, \quad \forall k\in K, i\in P\cup\{p+1\} \tag{5-8}$$

$$x_{i,i}^k = 0, \quad \forall k\in K, i\in P \tag{5-9}$$

$$u_i^k - u_j^k + p \cdot x_{i,j}^k \leqslant p-1 \quad \forall k\in K, i,j\in P \tag{5-10}$$

$$\sum_{k\in K}\sum_{i\in P\cup\{p+1\}} x_{i,j}^k \leqslant 1, \quad \forall j\in P \tag{5-11}$$

$$\sum_{i\in P}(ld_{i,e} \cdot q_i \cdot \sum_{j\in P\cup\{p+1\}} x_{j,i}^k) \leqslant Q^k, \quad \forall k\in K, e\in E \tag{5-12}$$

$$s_n^k \geqslant so_{i,n} \cdot \sum_{j\in P\cup\{p+1\}} x_{j,i}^k, \quad \forall k\in K, i\in P, n\in N \tag{5-13}$$

$$\sum_{n\in N} s_n^k \leqslant M_0, \quad \forall k\in K \tag{5-14}$$

第 5 章 OPDPSTCP 模型、路径结构可行理论、启发式算法设计及算法研究

$$ld_{i,e} \cdot \sum_{j \in P \cup \{p+1\}} x_{j,i}^k \leqslant y_e^k, \quad \forall k \in K, i \in P, e \in E \qquad (5\text{-}15)$$

$$y_e^k \leqslant \sum_{j \in P} x_{p+1,j}^k, \quad \forall k \in K, e \in E \qquad (5\text{-}16)$$

$$\sum_{e \in E} le_e \cdot y_e^k + \sum_{i \in P} \sum_{j \in P} lc_{i,j} \cdot x_{i,j}^k \leqslant D, \quad \forall k \in K \qquad (5\text{-}17)$$

约束条件式（5-6）~式（5-10）决定 PD-pair 或车辆 i 和 PD-pair j 的连接次序；式（5-11）确保 PD-pair i 仅被运输一次；式（5-12）确保车辆不超载；式（5-13）确定车辆 k 是否在站点 n 停留；式（5-14）确保每辆车的停站总数不超过 M_0（从第一个取点到最后一个送点）；式（5-15）确定车辆 k 是否负载通过边 e；式（5-16）确保每条路径被安排车辆；式（5-17）确保每条路径长度不超过 D（从第一个取点到最后一个送点）。

（3）决策变量。

$$x_{i,j}^k \in \{0,1\}, \quad \forall k \in K, i \in P \cup \{p+1\}, j \in P \qquad (5\text{-}18)$$

$$y_e^k \in \{0,1\}, \quad \forall k \in K, e \in E \qquad (5\text{-}19)$$

$$u_i^k \in \{1,2,3,\cdots\}, \quad \forall k \in K, i \in P \qquad (5\text{-}20)$$

$$s_n^k \in \{0,1\}, \quad \forall k \in K, n \in N \qquad (5\text{-}21)$$

式（5-18）~式（5-21）分别为决策变量的取值范围。

5.1.3 基于连通图路径 OPDPST 的可行解示例

为更直观地展示基于连通图路径 OPDPST（OPDPSTCP）模型，图 5-1 列出了该问题的一个小示例及其一个可行的路径方案（可行解），相关参数已标注在该连通图中。在该方案中，5 个 PD-pair（需求量为 1）被 2 辆车（初始位置为 1 和 6，装载能力为 5，运行里程限制为 31，停站次数限制为 8）沿着 2 条路径运输。根据第 3.4 节和第 5.2.1 节相关定

义和理论可知：在不考虑车辆运行里程和停站数限制的条件下，路径 1 和 2 均为路径结构可行；路径 2 中的 PD-pair i_5 可以依路径结构插入路径 1 而 PD-pair i_4 不能；PD-pair i_3 可依路径结构和 PD-pair i_1 合并而 PD-pair i_4 不能；PD-pair i_2 和 PD-pair i_3 能连接到 PD-pair i_1，PD-pair i_5 能连接到 PD-pair i_4；PD-pair i_3 能连接后于 PD-pair i_1 和 PD-pair i_2，PD-pair i_4 能连接后于 PD-pair i_5；每个 PD-pair 均可连接到（且能连接后于）所有车辆。点 2、3、4、15、14、12、6、8 和 10 为停站点；$lc_{k_1,i_1} = le_1$，$lc_{i_1,i_3} = le_{22}$。

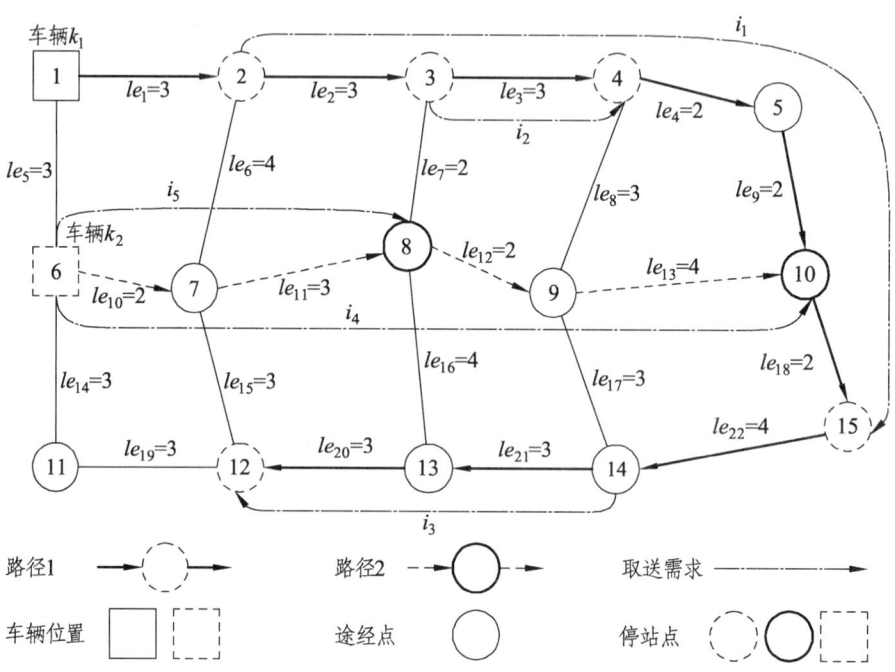

图 5-1 两个路径在连通图上的示例

i 连接到 j 的判断参数 $ct_{i,j}$，i 连接后于 j 的判断参数 $ca_{i,j}$ 和连接路段长度 $lc_{i,j}$ 的取值如表 5-2 所示。

令 $\pi_i = 15$，$vc^k = 1$，$tc^k = 1$ 和 $sc_n^k = 1$。表 5-3 列出了图 5-1 中可行路径方案的决策变量取值。

表 5-2　$ct_{i,j}$、$ca_{i,j}$ 和 $lc_{i,j}$ 的值

$ct_{i,j}/ca_{i,j}/lc_{i,j}$					
	$j=1$	$j=2$	$j=3$	$j=4$	$j=5$
$i=1$	—	1/0/0	1/1/le_{22}	0/0/∞	1/1/($le_{22}+le_{21}+le_{20}+le_{19}+le_{14}$)
$i=2$	0/0/∞	—	1/1/(le_8+le_{17})	0/0/∞	1/1/($le_8+le_{17}+le_{21}+le_{20}+le_{19}+le_{14}$)
$i=3$	1/1/($le_{15}+le_6$)	1/1/($le_{15}+le_{11}+le_7$)	—	1/1/($le_{19}+le_{14}$)	1/1/($le_{19}+le_{14}$)
$i=4$	0/0/∞	0/0/∞	1/1/($le_{18}+le_{22}$)	—	1/0/0
$i=5$	0/0/∞	1/1/le_7	1/1/($le_{12}+le_{17}$)	1/1/0	—
k_1	1/1/le_1	1/1/(le_1+le_2)	1/1/($le_1+le_2+le_7+le_{12}+le_{17}$)	1/1/le_5	1/1/le_5
k_2	1/1/(le_5+le_1)	1/1/($le_{10}+le_{11}+le_7$)	1/1/($le_{10}+le_{11}+le_{12}+le_{17}$)	1/1/0	1/1/0

表 5-3　可行方案的决策变量

变量	路径 1	路径 2
$x_{i,j}^k$	$x_{p+1,i_1}^{k_1}=1$，$x_{i_1,i_2}^{k_1}=1$，$x_{i_1,i_3}^{k_1}=1$	$x_{p+1,i_4}^{k_2}=1$，$x_{i_4,i_5}^{k_2}=1$ 或 $x_{p+1,i_5}^{k_2}=1$，$x_{i_5,i_4}^{k_2}=1$
y_e^k	$y_2^{k_1}=1$，$y_3^{k_1}=1$，$y_4^{k_1}=1$，$y_9^{k_1}=1$，$y_{18}^{k_1}=1$，$y_{21}^{k_1}=1$，$y_{20}^{k_1}=1$	$y_{10}^{k_2}=1$，$y_{11}^{k_2}=1$，$y_{12}^{k_2}=1$，$y_{13}^{k_2}=1$
s_n^k	$s_2^{k_1}=1$，$s_3^{k_1}=1$，$s_4^{k_1}=1$，$s_{15}^{k_1}=1$，$s_{14}^{k_1}=1$，$s_{12}^{k_1}=1$	$s_6^{k_2}=1$，$s_8^{k_2}=1$，$s_{10}^{k_2}=1$
u_i^k	$u_{i_1}^{k_1}<u_{i_2}^{k_1}$，$u_{i_1}^{k_1}<u_{i_3}^{k_1}$	$u_{i_4}^{k_2}<u_{i_5}^{k_2}$ 或 $u_{i_5}^{k_2}<u_{i_4}^{k_2}$

因此，

$$\sum_{k \in K} \sum_{i \in P} \sum_{j \in P \cup \{p+1\}} \pi_i \cdot x_{j,i}^k = 15 \times 5 = 75,$$

$$\sum_{k \in K} \sum_{j \in P} vc^k \cdot x_{p+1,j}^k = 1 \times 2 = 2,$$

$$\sum_{k \in K} tc^k \cdot \sum_{e \in E} le_e \cdot y_e^k = 1 \times (3+3+2+2+2+3+3+2+3+2+4) = 29,$$

$$\sum_{k \in K} tc^k \cdot \sum_{i \in P \cup \{p+1\}} \sum_{j \in P} lc_{i,j} \cdot x_{i,j}^k = 1 \times (3+4) = 7,$$

$$\sum_{k \in K} \sum_{n \in N} sc_n^k \cdot s_n^k = 1 \times 9 = 9,$$

总收益为 75-（2+29+7+9）=28。

5.1.4 基于连通图路径 OPDPST 和基本 OPDPST 的区别

综上可知，基于连通图路径 OPDPST（OPDPSTCP）和基本 OPDPST 的区别如表 5-4 所示。

表 5-4 OPDPSTCP 和基本 OPDPST 的区别

要素	OPDPSTCP	基本 OPDPST
运输模式	仅考虑运输模式 Ⅲ（车辆运行于实际连通图中的路径，Path）	运输模式 Ⅰ、Ⅱ 和 Ⅲ 可选
附加路段	—	PD-pair j 依模式 l 连接到车辆/PD-pair i 所形成的附加路段长度：$la_{i,j}^l$
判断参数	—	PD-pair j 依模式 l 连接到车辆/PD-pair i 所形成路径是否在点 n 停留两次判断参数：$sa_{i,j,n}^l$；PD-pair j 能否依运输模式 l 拼入车辆/PD-pair i 的判断参数：$cp_{i,j}^l$

5.2 基于连通图路径 OPDPST 的路径结构可行理论

本节将对基于连通图路径 OPDPST（OPDPSTCP）的路径结构理论展开研究，为提升后续启发式算法邻域变换过程中路径构造成功率提供理论支持。

第 5 章　OPDPSTCP 模型、路径结构可行理论、启发式算法设计及算法研究

5.2.1　问题来源及描述

1. 问题来源

传统的 OPDP 一般基于完全图（Complete graph）展开研究，在构造路径时要求确保需求先取后送，车辆沿着完全图上的路径运行，不重复访问完全图上的节点，如 Şahin 等[72]和 Soysal 等[74]的研究。但在许多运输组织领域，需求往往要求通过最短路运输，如网约车调度问题等。

网约车调度问题中，绕路运输不太受旅客欢迎。根据第 3.3 节中图 3-6 和图 3-7 所示，愿意绕路运输的司机和乘客只占很小比例，分别为 9.8%和 8.6%。

在实际网约车调度问题中，如果把乘客的上下车点归类到路网上的若干大节点上进行处理，那么该类问题的主要特征要求也可以提炼为：①旅客必须通过最短路运输；②网约车在某一阶段路径方案中不能重复访问同一路网节点。

该类问题在本章将被提炼成一种新的基于连通图路径 OPDPST——OPDPSTCP。因为完全图中的路径（Path）在对应的实际连通图（Connected graph）中往往并不一定是路径，同时为更好地处理需求按最短路运输这一要求，故 OPDPSTCP 基于实际连通图中的路径展开研究，不再像传统的车辆路径问题那样将现实路网抽象成完全图，也不像 OPDPST 基础问题那样允许车辆在实际连通图中重复访问节点。该问题主要特征可描述如下：在一个连通图中存在若干取送需求和车辆，每个需求必须通过从取点到送点的最短路运输，车辆必须沿着连通图中的路径（Path）运输，车辆的装载能力、运输距离、停站次数存在约束，要求合理安排运输方案以获得最大化的收益。

2. 问题描述

在一个连通图 $G=(N,E)$ 中，$N=\{1,\cdots,n\}$ 为顶点的集合，$E=\{1,\cdots,e\}$ 为边的集合，$P=\{1,\cdots,p\}$ 为 PD-pair 的集合，$K=\{1,\cdots,m\}$ 为车辆的集合；PD-pair i 的量为 q_i，收益为 π_i；车辆 k 的装载能力为 Q^k；固定使用成本

为 vc^k；单位里程的运输成本为 tc^k；在顶点 n 的停站成本为 sc_n^k。

其他假设：

①每个 PD-pair 不能被拆分且必须被通过从取点到送点间的最短路运输。

②每辆车不用回到车场且必须沿着从第一个取点到最后一个送点间的路径（Path）运行，不能重复访问其中任意一点。

③每个车辆的运行里程上限为 D（从第一个取点到最后一个送点），停站次数上限为 M_0（从第一个取点到最后一个送点）。

④车辆的总成本包括固定使用成本、运输成本和停站成本。为保证收益最大化，允许部分取送需求不被运送。

⑤路网上任意两点间仅存在一条最短路。

优化目标是获得使运输收益最大的车辆路径方案。

5.2.2 路径结构可行相关定义

第 4.1.4 节中的表 4-3 和第 5.1.5 节中的表 5-4 列出了 OPDPSTCP、基本 OPDPST 和传统 OPDP 间不同之处。据此，对 OPDPSTCP 中可行路径定义如下：

定义 5-1：在一个连通图中，若所有 PD-pair 都被通过从取点到送点的最短路运输，并且车辆运行路线是一条路径（Path），则称该路径是路径结构可行的（Route Structure Feasible，RSF）。

定义 5-2：如果一条 RSF 路径是由 PD-pair i 插入路径 j 而形成的，那么称 PD-pair i 可以依路径结构插入路径 j。定义 $pd\_R\_rs\_judge_{i,j}$ 为插入路径结构可行判断参数（Route Structure Feasibility Judgement Parameter of Inserting，RSFJPI，0：不可行，1：可行），$[pd\_R\_rs\_judge_{i,j}]$ 为插入路径结构可行判断矩阵（Route Structure Feasibility Judgement Matrix of Inserting，RSFJMI）。

定义 5-3：如果一条 RSF 路径由 PD-pair i 和 PD-pair j 组合而成，那么称 PD-pair i 可以依路径结构和 PD-pair j 合并。定义 $pd\_combine\_$

$rs\_judge_{i,j}$ 为合并路径结构可行判断参数（Route Structure Feasibility Judgement Parameter of Combining，RSFJPC，0：不可行，1：可行），$[pd\_combine\_rs\_judge_{i,j}]$ 为合并路径结构可行判断矩阵（Route Structure Feasibility Judgement Matrix of Combining，RSFJMC）。规定 PD-pair 能和任意车辆依路径结构合并，即 $pd\_combine\_rs\_judge_{p+1,j}=1, \forall j=1,\cdots,p$，其中 p 为 PD-pair 总数，$p+1$ 表示车辆。

以上 3 个定义将为后续邻域变换过程中选择合适的 PD-pair 和路径组合提供理论依据，进而提高邻域变换的成功率，提升算法效率。下一节将就路径结构可行相关判断矩阵的演变展开研究。

5.2.3 路径结构可行判断矩阵演变

1. 路径结构可行判断矩阵演变理论

当 PD-pair k 插入路径 m 后,合并路径结构可行判断矩阵（RSFJMC）$[pd\_combine\_rs\_judge_{k,m}]$ 维持不变，而插入路径结构可行判断矩阵（RSFJMI）$[pd\_R\_rs\_judge_{k,m}]$ 将随路径 j 的变化而变化。为了快速地计算更新 RSFJMI，提出以下定理和推论：

定理 5-1：PD-pair k 能依结构插入路径 m 的充要条件是 PD-pair k 能和路径 m 上的所有 PD-pair 依路径结构合并。

推论 5-1：如果 PD-pair k 插入路径 m 成功后得到新路径 m'，那么不能和 PD-pair k 依路径结构合并的 PD-pair l 必定不能插入新路径 m'。

推论 5-2：假设 PD-pair k 不能依路径结构插入路径 m，如果将路径中所有不能和 PD-pair k 依路径结构合并的 PD-pair 全部删除后得到新路径 m'，则 PD-pair k 可以依路径结构插入这一新路径 m'。

推论 5-3：一条 RSF 路径可由若干可以相互依路径结构合并的 PD-pair 组合而成。

定理 5-1 和推论 5-3 的证明可见附录 C，推论 5-1 和推论 5-2 可由定理 5-1 直接得出。

2. 路径结构可行判断矩阵演变方法

如前所述，在 PD-pair 插入路径相关的邻域变换过程中 RSFJMC 保持不变，而 RSFJMI 会发生改变。如果每一步邻域变换后对 RSFJMI 重新核算一次，将耗费过多计算时间。因此，本节将提出每一步邻域变换后 RSFJMI 的快速演变方法，使其更新时间可以被接受。

在 OPDPSTCP 中，路径的演变形式可归类为 3 种：PD-pair 插入新路径，从路径中删除 PD-pair，路径删除。其中路径删除后只要在 RSFJMI 中删除路径对应的一行值即可。初始的 RSFJMC 和 RSFJMI 可在初始解生成后逐个核算其中的元素值。在每一步邻域变换后，RSFJMI 可按如下方法快速更新。

（1）PD-pair 插入新路径后 RSFJMI 的更新方法。

PD-pair i 插入路径 k 后得到新路径 k'，令 $L_1=\{l\ |\ [pd\_combine\_rs\_judge]_{(l,\ i)}=0\}$ 为不能和 PD-pair i 依路径结构合并的 PD-pair 的集合。为了减少核算时间，按照式（5-22）更新路径 k' 对应的 RSFJMI $[pd\_R\_rs\_judge]_{(:,k')}$ 即可（推论 5-1）。

$$[pd\_R\_rs\_judge]_{(j,k')} = 0, \quad \forall j \in L_1 \qquad (5\text{-}22)$$

（2）从路径中删除 PD-pair 后 RSFJMI 的更新方法。

在路径 k 中删除 PD-pair i 后得到新路径 k'，令 $L_1=\{l\ |[pd\_combine\_rs\_judge]_{(l,\ i)}=0\}$ 为不能和 PD-pair i 依路径结构合并的 PD-pair 的集合，令 $L_2=\{p_l-d_l\}$ 为路径 k' 运载的 PD-pair 的集合。为了减少核算时间，按照式（5-23）更新路径 k' 对应的 RSFJMI $[pd\_R\_rs\_judge]_{(:,k')}$ 即可（定理 5-1，推论 5-2）。

$$[pd\_R\_rs\_judge]_{(j,k')} = \prod_{l \in L_2} pd\_combine\_rs\_judge_{j,l},$$
$$\forall j \in L_1 \qquad (5\text{-}23)$$

推论 5-3 可在新路径生成过程中用来加速更新 RSFJMI，本书算法中未用到新路径生成的邻域变换方法，因此基于推论 5-3 的相关判断矩阵更新方法暂不展开。

第 5 章　OPDPSTCP 模型、路径结构可行理论、启发式算法设计及算法研究

5.3　启发式算法设计

5.3.1　相关算法研究现状

许多局部搜索启发式算法被用来求解 VRP 问题，如 Ropke 等[156]，Pisinger 等[157]，Aksen 等[158]和 Li 等[159]提出的自适应大邻域搜索算法（Adaptive Large Neighborhood Search，ALNS）。Li 等[160]，Rivera 等[161]，Dong 等[162]采用的多点式迭代局部搜索算法（Muilt-Start Iterated Local Search，MS_ILS）是从多个初始解重新启动迭代局部搜索算法（Iterated Local Search，ILS），以使搜索多样化。Salehipour 等[163]对变邻域下降算法（VND）进行了研究，VND 是一种对越来越宽的邻域进行连续搜索的局部搜索，Hansen 和 Mladenovi[164]对变邻域搜索算法（VNS）进行了较深的探讨，VNS 类似于 VND，只是有扰动算子，可以减少初始解对算法性能的影响[165]。

因为精确算法通常不是解决大型 OPDP 最有效的方法，所以 OPDP 的研究中主要采用启发式算法求解，例如 VNS、VND、ILS、ALNS 和混合算法等。

Cordeau 等[153]提出了针对 OPDP 的 8 种邻域方法：Couple-exchange、Block-exchange、Relocate-couple、Relocate-block、Multi-relocate、2-opt-L、Double-bridge 和 Shake。Ribeiro 等[119]和 Ropke 等[156]基于 Potvin 和 Rousseau[166]的研究改进了 3 种大规模移除邻域和 2 种大规模插入邻域。另外，Grimault 等[100]和 Ho 等[70]的研究表明，解的可行性对 OPDP 的算法效率也能产生重要影响。由于基于连通图路径 OPDPST（OPDPSTCP）的路径结构与传统的 OPDP 有很大的不同，OPDPSTCP 中可以插入到新路径的 PD-pair 的比例远小于传统 OPDP，使得现有算法难以直接对 OPDPSTCP 进行有效求解。因此，本书拟针对 OPDPSTCP 提出 5 种新的邻域变换方法：Insert、Spread、Point-delete、Route-delete 和 Perturbation，并据此设计针对性算法进行求解。

此外，在部分邻域变换中（Insert、Spread、Point-delete）引入了插入路径结构可行性判断参数（RSFJPI，第 5.2.1 节定义 5-2），以保证每个被选择的 PD-pair 都能依路径结构插入到所选择的路径中。

5.3.2 邻域变换

1. Insert

在 Insert 中，PD-pair i（可能被装载，也可能未被装载，取点为 p_i，送点为 d_i）被随机选择并被插入新的路径 j，选择新路径时须确保插入路径结构可行判断参数 $pd\_R\_rs\_judge_{i,j}=1$。

如图 5-2 所示，从路径 j_1 选出 PD-pair i 并将其插入路径 j_2，图 5-2（a）中的路径方案变成了图 5-2（b）。因为原路径 j_1 中的再无 PD-pair 的起止点为点 r_3，故该点被移除，而路径 j_2 保持不变。停站点减少，路径方案获得改进。

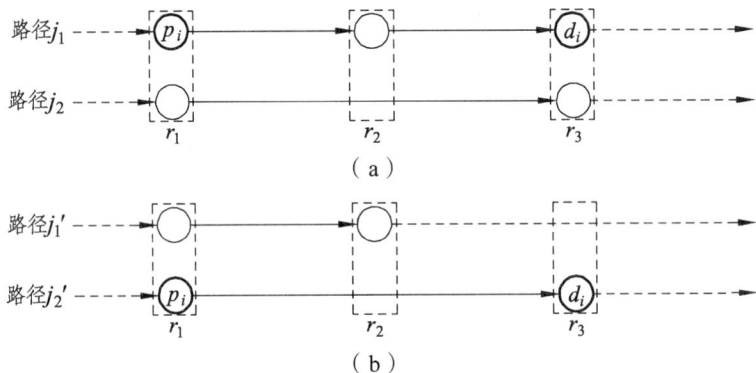

图 5-2　Insert 中的路径构造

2. Spread

在 Spread 中，某 PD-pair 插入一个新路径中，如果插入后新路径超载，则在新路径中随机选择一个 PD-pair 插入另一个新路径。如此循环直到新路径不超载或者循环次数达到一个控制值 K，K 值的设置是为了控制邻域的操作时间。同理，在选择 PD-pair i 插入路径 j 时，须确保 $pd\_R\_rs\_judge_{i,j}=1$。

如图 5-3（a）所示，PD-pair i_1 从路径 j_1 中插入路径 j_2，新的方案变成图 5-3（b）。因为再无 PD-pair 在点 r_4 停留，故该点从路径 j_1 中删除，而路径 j_2 保持不变。因为路径 j_2 中的路段 r_3—r_4 超载，该路径中的 PD-pair i_2 被选择插入另一个新路径 j_3，新的方案变为图 5-3（c）。因为新路径不超载，循环终止，方案获得改进。

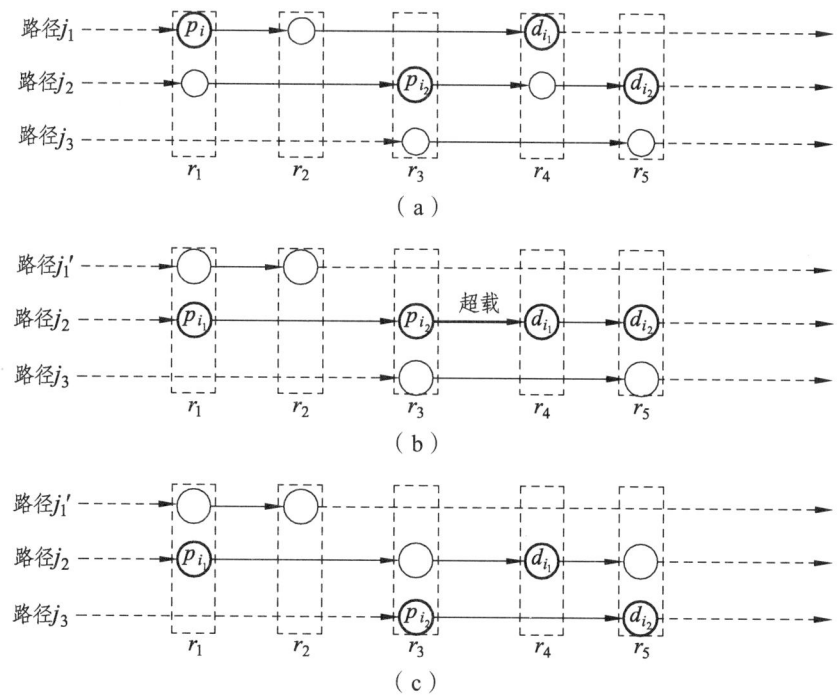

图 5-3　Spread 中的路径构造

3. Point-delete

在 Point-delete 中，在某条路径中选择停留 PD-pair 最少的点，将这些 PD-pair 依次插入其他路径，直到该点被删除。在选择 PD-pair i 插入路径 j 时，须确保 $pd\_R\_rs\_judge_{i,j}=1$。

如图 5-4（a）所示，假设路径 j_1 中停留 PD-pair 最少的点为 r_4（为简化图例，停留其他点的需求未完全标出），为删除路径 j_1 上的点 r_4，PD-pair i_1 和 i_2 被分别插入新路径 j_2 和 j_3，得到如图 5-4（b）所示的新方案。

在新方案中路径 j_1 上的点 r_4 被删除,而路径 j_2 和 j_3 保持不变,方案获得改进。

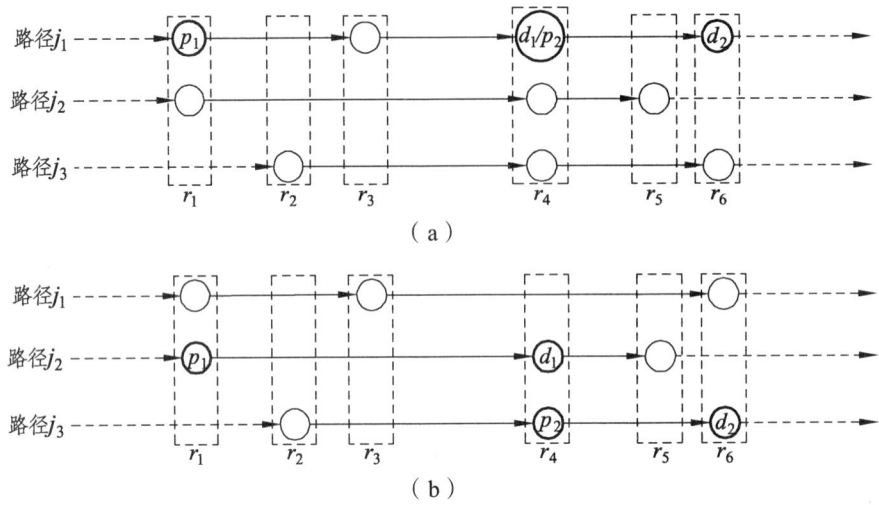

图 5-4 Point-delete 中的路径构造

4. Route-delete

在 Route-delete 中,ne_i 为每条净收益为负值的路径 $i \in R$ 的净收益,从方案中删除根据概率 $P_k = \left| ne_k / \sum_{i \in R} ne_i \right|$ 所选择的路径 k。如果没有净收益为负值的路径,则执行 Point-delete。

5. Perturbation

Perturbation 是一种以邻域 Reassign-vehicle 为核心的综合邻域。

Reassign-vehicle 是一个指派问题(Assignment Problem,AP),$rv_{i,j}=1$ 表示安排车辆 j 给路径 i,$rv\_benefit_{i,j}$ 表示车辆沿路径 i 运行的净收益。在该邻域中,各车辆被指派给相应的路径以实现总收益最大化。该指派问题由通过 Yalmip 工具箱嵌入 Matlab 中的 Gurobi 求解。

因为 Reassign-vehicle 有可能较大幅度地改进方案,但往往需要花费较多的计算时间。为平衡扰动效果和计算时间之间的关系,在

Perturbation 中依邻域选择概率 p_1，p_2，p_3，p_4 和 p_5，选用 Insert，Spread，Point-delete，Rout-delete 和 Reassign-vehicle，其中 p_5 设置为较低概率值。

综上，可按照邻域变换幅度从小到大的顺序初步规定 Insert，Spread，Point-delete，Rout-delete 和 Perturbation 为不同的邻域 $opt(k)$（$k=1$，2，3，4，5），各邻域最终变换幅度排序将在第 5.4.2 节经试验测定。

5.3.3 邻域变换过程中的路径构造方法

以上邻域中的路径构造主要分为 3 类：PD-pair 插入新路径，从路径中删除 PD-pair 和删除路径。

1. PD-pair 插入新路径的路径构造方法

Muelas 等[167]针对传统 OPDP 通过对比现实路网上 4 种插入位置组合的路径长度来寻找最优的 PD-pair 插入方案。这种方法给本书提供了启示，但与传统 OPDP 路径结构不同，OPDPSTCP 中 PD-pair 插入路径的位置是固定的，因此上述文献中的路径构造理论并不能直接用于 OPDPSTCP。本书将提出一种新的方法，在路径中寻找合适的位置插入 PD-pair。

因为路径上的所有 PD-pair 均须按最短路运输，显然路径 R 上的两点 r_i 和 r_{i+1} 之间的路段是最短路。如需将 PD-pair k 插入路径 $R(r_1—r_2—r_3\cdots r_n)$，首先要找到取点 p_k 和送点 d_k 的正确插入位置，其原则为新 PD-pair 的插入不能影响被插入路径上原有 PD-pair 按最短路运输的状态，同时还须保证插入的 PD-pair 在新路径上也按照最短路运输。规定 l_{r_i,r_j} 为点 r_i 和 r_j 之间的距离，$l_{R(r_i—r_j—r_k)} = l_{r_i,r_j} + l_{r_j,r_k}$ 为路径 R 中路段 $r_i—r_j—r_k$ 的长度。在路径 R 中找到满足条件 $l_{r_i,r_{i+1}} = l_{r_i,p_k} + l_{p_k,r_{i+1}}$ 的点 r_i 和满足条件 $l_{r_j,r_{j+1}} = l_{r_j,d_k} + l_{d_k,r_{j+1}}$ 的点 r_j，将 r_i 和 r_j 分别插入这两点的后面。有 3 种结果：满足条件的点 r_i 和 r_j 都能找到，满足条件的点 r_i 和 r_j 只能找到其中一个，无法找到满足条件的点 r_i 或 r_j。下面将就以上 3 种情形分别介绍 PD-pair 插入新路径的方法。

(1)满足条件的点 r_i 和 r_j 都能找到。

① r—p—r—d—r。

如果点 r_i 和 r_j 都能找到且 $i<j$，则新路径 R' 的结构一定是 r—p—r—d—r。为确保路径结构可行，PD-pair k 在路径 R' 中应被通过最短路运输，即 $l_{R'(p_k-r_{i+1}\cdots r_j-d_k)}=l_{p_k,d_k}$。否则 PD-pair k 不能插入路径 R。如图 5-5 所示，因为 $l_{R'(p_k-r_{i+1}\cdots r_j-d_k)} \neq l_{p_k,d_k}$，所以新路径 R' 的结构不可行。

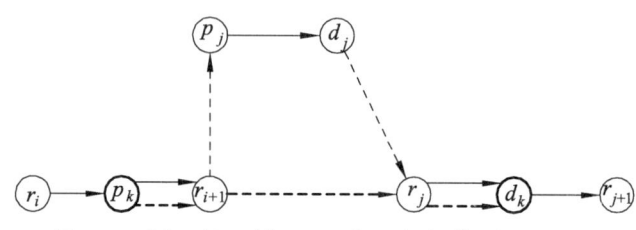

图 5-5　不可行示例 1：r_i 和 r_j 都能找到，且 $i<j$

② r—p—d—r。

如果点 r_i 和 r_j 都能找到且 $i=j$，则新路径 R' 的结构一定是 r—p—d—r。为确保路径结构可行，r_i—p_k—d_k 必须是最短路径，即 $l_{R'(r_i-p_k-d_k)}=l_{r_i,d_k}$。否则 PD-pair k 不能插入路径 R。如图 5-6 所示，因为 $l_{R'(r_i-p_k-d_k)} \neq l_{r_i,d_k}$，所以新路径 R' 的结构不可行。

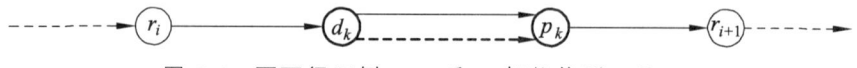

图 5-6　不可行示例 2：r_i 和 r_j 都能找到，且 $i=j$

③其他情况。

如果点 r_i 和 r_j 都能找到且 $i>j$，PD-pair k 不能插入路径 R，因为两者反向，如图 5-7。

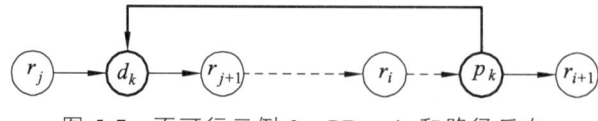

图 5-7　不可行示例 3：PD-pair 和路径反向

因为本书规定任意两点间只有唯一一条最短路，如果找到多于一

个满足条件的点 r_i 或 r_j,则点 p_k 或 d_k 已经在路径 R 中,点 p_k 或 d_k 不用再重复插入该路径。如图 5-8 所示,$l_{r_1,r_2} = l_{r_1,d_k} + l_{d_k,r_2}$ 和 $l_{r_2,r_3} = l_{r_2,d_k} + l_{d_k,r_3}$,即点 r_2 和 d_k 是同一点,因此点插入路径 R 后路段 $R(\cdots r_1—r_2—r_3 \cdots)$ 保持不变。

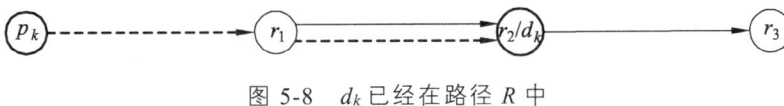

图 5-8 d_k 已经在路径 R 中

(2)满足条件的点 r_i 和 r_j 只能找到其中一个。

① $r—p—r—d$。

如果只有点 r_i 能找到,那么插入后新路径 R' 的结构为 $r—p—r—d$。PD-pair k 在新路径 R' 中应被通过最短路运输,即 $l_{R'(p_k—r_{i+1}\cdots r_{i+3}—d_k)} = l_{p_k,d_k}$。否则 PD-pair k 不能插入原路径 R。如图 5-9 所示,$l_{R'(p_k—r_{i+1}\cdots r_{i+3}—d_k)} \neq l_{p_k,d_k}$,因此新路径 R' 的结构不可行。

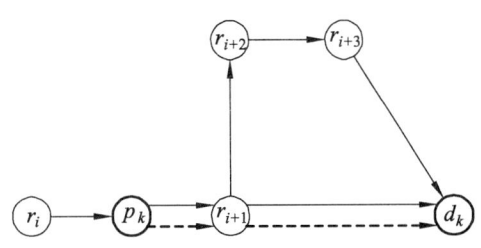

图 5-9 不可行示例 1:仅能找到 r_i

② $p—r—d—r$。

如果只有点 r_j 能找到,那么插入后新路径 R' 的结构为 $p—r—d—r$。PD-piar k 在新路径 R' 中应被通过最短路运输,即 $l_{R'(p_k—r_{j-2}\cdots r_j—d_k)} = l_{p_k,d_k}$。否则 PD-pair k 不能插入原路径 R。如图 5-10 所示,$l_{R'(p_k—r_{j-2}\cdots r_j—d_k)} \neq l_{p_k,d_k}$,因此新路径 R' 的结构不可行。

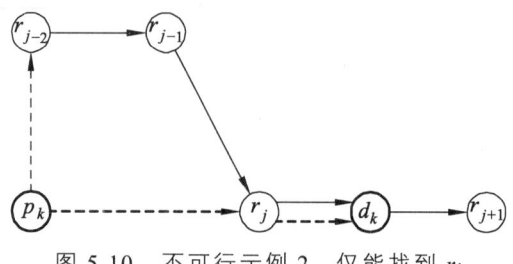

图 5-10 不可行示例 2：仅能找到 r_j

（3）无法找到满足条件的点 r_i 或 r_j。

① p—r—r—d。

如无法找到满足条件的点 r_i 或 r_j，且 $l_{R'(p_k \to r_i \cdots r_n \to d_k)} = l_{p_k,d_k}$，则新路径 R' 的结构应是 p—r—r—d，PD-pair k 在该路径中被通过最短路运输。否则该路径的结构不可行，也即 PD-pair 不能插入原路径 R。如图 5-11 所示，$l_{R'(p_k \to r_i \cdots r_n \to d_k)} \neq l_{p_k,d_k}$，因此新路径 R' 的结构不可行。

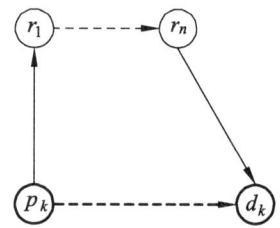

图 5-11 不可行示例 1：r_i 和 r_j 都找不到

② p—d—r—r。

如无法找到满足条件的点 r_i 或 r_j，且 $l_{R'(p_k \to r_i \cdots r_n \to d_k)} \neq l_{p_k,d_k}$ 且 $l_{d_k,r_i} \leq l_{r_n,p_k}$。为使新生成路径长度最短化，PD-pair k 应接在路径 R 前面，形成的新路径 R' 的结构应是 p—d—r—r。令 $path(R)$ 为原路径 R 上所有途经点组成的路段，为保证新路径 R' 的结构可行，PD-pair k 必须被最短路运输且途经点不能被重复访问，即 $l_{p_k,r_i} = l_{p_k,d_k} + l_{d_k,r_i}$ 且 $l_{d_k,path(R'_2)} = l_{d_k,path(R'_1)} + l_{path(R'_1),path(R'_2)}$，否则该路径的结构不可行，也即 PD-pair 不能插入原路径 R。以图 5-12（a）为例，图中的新路径 R' 的结构不可行，因为 $l_{p_k,r_i} \neq l_{p_k,d_k} + l_{d_k,r_i}$。在图 5-12（b）中，因为 $l_{d_k,path(R'_2)} \neq l_{d_k,path(R'_1)} + l_{path(R'_1),path(R'_2)}$，所以新路径 R' 的结构也不可行。

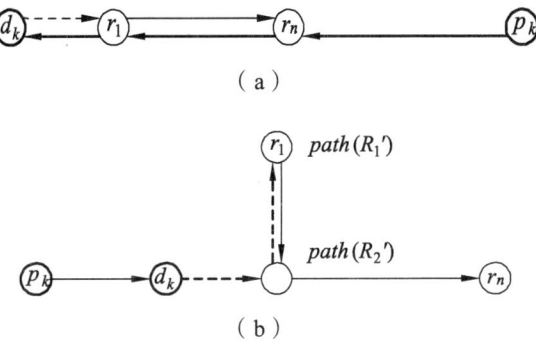

图 5-12 不可行示例 2：r_i 和 r_j 都找不到

③ r—r—p—d。

如无法找到满足条件的点 r_i 或 r_j，且 $l_{R'(p_k-r_1\cdots r_n-d_k)} \neq l_{p_k,d_k}$ 且 $l_{d_k,r_1} > l_{r_n,p_k}$。为最小化新生成路径长度最短化，PD-pair k 应接在路径 R 后面，形成的新路径 R' 的结构应是 r—r—p—d。令 $path(R)$ 为原路径 R 上所有途经点组成的路段，为保证新路径 R' 的结构可行，PD-pair k 必须被最短路运输且途经点不能被重复访问，即 $l_{r_n,d_k} = l_{r_n,p_k} + l_{p_k,d_k}$ 且 $l_{path(R'_{n-1}),p_k} = l_{path(R'_{n-1}),path(R'_n)} + l_{path(R'_n),d_k}$，否则该路径的结构不可行，也即 PD-pair 不能插入原路径 R。以图 5-13（a）为例，图中的新路径 R' 的结构不可行的，因为 $l_{r_n,d_k} \neq l_{r_n,p_k} + l_{p_k,d_k}$。在图 5-13（b）中，因为 $l_{path(R'_{n-1}),p_k} \neq l_{path(R'_{n-1}),path(R'_n)} + l_{path(R'_n),d_k}$，所以新路径 R' 的结构也不可行。

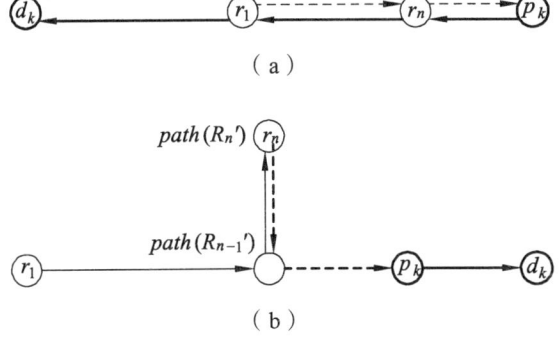

图 5-13 不可行示例 3：r_i 和 r_j 都找不到

2. "从路径中删除 PD-pair" 的路径构造方法

如果删除 PD-pair k 后，没有其他 PD-pair 需要在路径 R 上的点 p_k 或 d_k 停留，则从该路径上删除点 p_k 或 d_k。反之该路径保持不变。

3. "删除路径" 的路径构造方法

对于"删除路径"邻域操作，所有 PD-pair 从路径删除，路径随之从方案删除。

随着以上邻域操作的执行，路径结构可行判断矩阵按照第 5.2.2 节的方法作相应更新。

5.3.4 初始解生成

为了生成一个高质量的初始解，本书提出了一个基于最大节约值思想的初始解生成方法，其伪码如算法 5-1 所示。

算法 5-1：初始解生成伪码

01. 输入：令 $P=\{1,\cdots,p\}$ 为 PD-pair 的集合；$R=\{R_i|R_i=PD\_pair\ i\}$（$i\in P$）为路径集合；
    $n=p$，$i=0$。
02. **while** $i<n$
03. $k=1$，统计路径 i 的停站次数 m；$l_{R_i(1),R_i(m)}$ 为路径 R_i 的长度。
04. **for** $j=i+1$ to n
05.   找到点间最大距离 $\max\_l_j = \max\{l_{R_i(1),R_i(m)}, l_{R_i(1),d_j}, l_{p_j,R_i(m)}, l_{p_j,d_j}\}$；
06. $Save_k = l_{R_i(1),R_i(m)} + l_{p_j,d_j} - \max\_l_j$。
07. $k=k+1$。
08. **end for**
09. $Save=\{Save_k\}$，$kk=0$，$Min\_Save=\min(\{Save_k\})-1$。
10. **while** $kk<n-i$
11.   找到最大节省值 $Save_{index1} \in Save$；

12.　　　尝试将 PD-pair index1 插入路径 R_i。
13.　　if 插入成功
14.　　　　更新 R_i，从 Save 中删除 $Save_{index1}$，从 R 删除 PD-pair index1 对应路径，
15.　　　　$n=n-1$。
16.　　else
17.　　　　$Save_{index1}=Min\_Save$。
18.　　end if
19.　　$kk=kk+1$。
20.　end while
21.　$i=i+1$；
22. end while
23. 采用邻域变换方法 Reassign-vehicle 给路径分配车辆。

初始解生成方法思路为：将每个 PD-pair 看作一条以其取送点为起止点的路径（暂未分配车辆），形成初始路径集合，每条路径运载 1 个 PD-pair；选择第 1 条路径，对比后面路径所运载的 PD-pair 插入第 1 条路径（如可以成功插入）后可以带来的运输距离节约，直到所有 PD-pair 都尝试完毕，选择节约值最大的 PD-pair 插入第 1 条路径，路径 1 更新后继续执行上述操作，直到没有符合条件的 PD-pair 可插入该路径；依次选择第 2，3，4，⋯条路径进行上述操作，直到所有路径尝试完毕，得到最终路径方案（暂未分配车辆）；采用邻域变换方法 Reassign-vehicle 给每条路径分配车辆，得到问题的初始解。

5.3.5 算法框架

上述邻域主要是选取 PD-pair 插入到新路径固定位置，因为路径结构特殊等原因，只经过一步邻域变换很难改进解方案，有必要提出一种有别于传统局部搜索（Local Search，LS）算法来求解本书中基于连通图路径 OPDPST（OPDPSTCP）。因此，本书设计了 1 种多起点变邻域下降

算法（MS_VND）和 1 种多起点变邻域搜索算法（MS_VNS）来求解 OPDPSTCP，并与传统变邻域下降算法（VND）和变邻域搜索算法（VNS）求解效果进行对比。

1. 传统 VND 和 VNS

结合 OPDPSTCP 特征，设计基于传统 VND 的求解步骤如算法 5-2。

算法 5-2：本书 VND 启发式算法的伪码

01. 输入：采用算法 5-1 生成初始解 s^0。令：$bestsofar\_s=s^0$；$constant=0$；$constant0=0$；$k=1$；邻域变换方法为 $opt(k)$，$k=1,2,3,4$ 和 5；输入：$opt(2)$ 中的循环次数控制值 K，邻域选择控制参数 T_0；$opt(5)$ 中的邻域选择概率 p_1, p_2, p_3, p_4 和 p_5。解不改进算法终止总迭代次数 $constant\_T$。

02. **while** $constant<constant\_T$
03. $s^*=bestsofar\_s$；
04.   **if** $constant0<T_0$
05. $k=1$；
06.   **else if** $T_0 \leqslant constant0<T_0*2$
07. $k=2$；
08.   **else if** $T_0*2 \leqslant constant0<T_0*3$
09. $k=3$；
10.   **else if** $T_0*3 \leqslant constant0<T_0*4$
11. $k=4$；
12.   **else**
13. $k=5$；（Perturbation）
14.   **if** Perturbation 中选择了 Reassign-vehicle
15. $constant0=0$；
16.   **end if**
17.   **end if**
18. $s^{*'} \leftarrow opt(k, s^*)$；

19.   **if** $s^{*\prime}$ 优于 s^{*}
20. | $s^{*}=s^{*\prime}$；
21.   **end if**
22.   **if** s^{*} 优于 $bestsofar\_s$
23. | $bestsofar\_s=s^{*}$；$constant=0$；$constant0=0$；
24.   **else**
25. | $constant=constant+1$；$constant0=constant0+1$；
26.   **end if**
27. **end while**
28. 采用邻域变换方法 Reassign-vehicle 给路径重新分配车辆。

结合 OPDPSTCP 特征，设计基于传统 VNS 的求解步骤如算法 5-3 所示。

算法 5-3：本书 VNS 启发式算法的伪码

01. 输入：采用算法 5-1 生成初始解 s^0。令：$bestsofar\_s=s^0$；$constant=0$；$constant0=0$；$k=1$；邻域变换方法 $opt(k)$，$k=1$，2，3，4 和 5；输入：$opt(2)$ 中的循环次数控制值 K；$opt(5)$ 中的邻域选择概率 p_1，p_2，p_3，p_4 和 p_5；局部搜索选用邻域数 $n_0=4$；解不改进算法终止总迭代次数 $constant\_T$。

02. **while** $constant<constant\_T$
03. | $s^{*}=bestsofar\_s$；
04.   **if** $constant0<T_0$
05. | $k=1$；
06.   **else if** $T_0 \leqslant constant0<T_0*2$
07. | $k=2$；
08.   **else if** $T_0*2 \leqslant constant0<T_0*3$
09. | $k=3$；
10.   **else if** $T_0*3 \leqslant constant0<T_0*4$
11. | $k=4$；

12.	else
13.	$k=5$；（Perturbation）
14.	if Perturbation 中选择了 Reassign-vehicle
15.	$constant0=0$；
16.	end if
17.	end if
18.	$s*'\leftarrow opt(k, s*)$；
19.	$k0=1$；
20.	while $k0 \leqslant n_0$
21.	$s*\leftarrow opt(k0, s*')$；
22.	if $s*$ 优于 $s*'$
23.	$s*'=s*$；$k0=1$；
24.	else
25.	$k0=k0+1$；
26.	end if
27.	end while
28.	if $s*'$ 优于 $bestsofar\_s$
29.	$bestsofar\_s=s*'$；$constant=0$；$constant0=0$；
30.	else
31.	$constant=constant+1$；$constant0=constant0+1$；
32.	end if
33. end while	
34. 采用邻域变换方法 Reassign-vehicle 给路径重新分配车辆。	

2. MS_VND 和 MS_VNS

为获得更好的解，本书设计了一种新的 MS_VND 和 MS_VNS 用于求解 OPDPSTCP。

MS_VND 和 MS_VNS 分别由传统 VND 和 VNS 结合 OPDPSTCP 特

点改造而来，其算法思路为：根据初始解生成规模为 n 的候选解集；在满足终止条件前对候选解集中的每一个解执行 VND（或 VNS）操作，但 MS_VND 的每个局部搜索只做一个邻域变换以缩短计算时间；计算过程中按一定的规则用当前最好解替换候选解集中部分较差的解，以提高搜索出发点的解质量；允许按一定的规则接受不太好的解以防止搜索过程陷入局部；按照变换幅度依次选择上述 5 个邻域操作方法，并控制 Perturbation 中 Reassign-vehicle 的选择频率以防止该邻域操作方法耗费过长的计算时间。

MS_VND 的求解步骤可见以下算法 5-4。

算法 5-4：MS_VND 启发式算法的伪码

01. 输入：采用算法 5-1 生成初始解 s^0；令：$bestsofar\_s=s^0$；多起点候选解集 $S=\{s_i=s^0, i=1, \cdots, n\}$；$constant=0$；$constant0=0$；$k=1$；邻域变换方法 $opt(k)$，$k=1, 2, 3, 4$ 和 5；输入：$opt(2)$ 中的循环次数控制值 K；邻域选择控制参数 T_0；最优候选解集替换比例 pm；$opt(5)$ 中的邻域选择概率 p_1, p_2, p_3, p_4 和 p_5；解不改进算法终止总迭代次数 $constant\_T$。

02. while $constant<constant\_T$
03.   for every $s_i \in S$
04.   if $constant0<T_0$
05. $k=1$；
06.   else if $T_0 \leqslant constant0<T_0*2$
07. $k=2$；
08.   else if $T_0*2 \leqslant constant0<T_0*3$
09. $k=3$；
10.   else if $T_0*3 \leqslant constant0<T_0*4$
11. $k=4$；
12.   else

| 13. | | | $k=5$;（Perturbation）
| 14. | | if 在 Perturbation 中 Reassign-vehicle 被选择
| 15. | | | $constant0=0$;
| 16. | | end if
| 17. | end if
| 18. | $s_i' \leftarrow opt(k, s_i)$;
| 19. | if s_i' 优于 s_i
| 20. | | let $s_i = s_i'$；更新 S;
| 21. | else
| 22. | | if $constant > constant\_T/2$ 且 $f(s_i') - f(s_i) \geq -f(s_i)/2$
| 23. | | | 依照 50%的概率令 $s_i = s_i'$；更新 S;
| 24. | | end if
| 25. | end if
| 26. | end for
| 27. | 找到解集 S 中的最好解 $localbest\_s$;
| 28. | if $localbest\_s$ 优于 $bestsofar\_s$
| 29. | | $bestsofar\_s = localbest\_s$; $constant=0$; $constant0=0$;
| 30. | else
| 31. | | $constant=constant+1$; $constant0=constant0+1$;
| 32. | end if
| 33. | if $constant \leq constant\_T/2$
| 34. | | 按比例 pm 将候选解集 S 中最差解替换为 $bestsofar\_s$;
| 35. | end if
| 36. end while
| 37. 采用邻域变换方法 Reassign-vehicle 给路径重新分配车辆。

MS_VNS 的求解步骤可见以下算法 5-5。

算法 5-5：MS_VNS 启发式算法的伪码

01. 输入：采用算法 5-1 生成初始解 s^0；令 $bestsofar\_s=s^0$；多起点候选解集 $S=\{s_i=s^0, i=1, \cdots, n\}$；$constant=0$；$constant0=0$；$k=1$；邻域变换方法 $opt(k)$，$k=1, 2, 3, 4$ 和 5；输入：$opt(2)$ 中的循环次数控制值 K；邻域选择控制参数 T_0；最优候选解集替换比例 pm；$opt(5)$ 中的邻域选择概率 p_1, p_2, p_3, p_4 和 p_5；局部搜索选用邻域数 $n_0=4$；解不改进算法终止总迭代次数 $constant\_T$。

```
02. while constant<constant_T
03.        for every s_i ∈ S
04.            if constant0<T_0
05.            |   k=1；
06.            else if T_0≤constant0<T_0*2
07.            |   k=2；
08.            else if T_0*2≤constant0<T_0*3
09.            |   k=3；
10.            else if T_0*3≤constant0<T_0*4
11.            |   k=4；
12.            else
13.            |   k=5；（Perturbation）
14.                if 在 Perturbation 中 Reassign-vehicle 被选择
15.                |   constant0=0；
16.                end if
17.            end if
18.            s_i' ← opt(k, s_i)；
19.            if s_i' 优于 s_i
20.            |   s_i = s_i'，更新 S，k=1；
21.            end if
22.            k0=1；
```

23. | while $k0 \leq n_0$
24. | | $s_i'' \leftarrow opt(k0, s_i')$;
25. | | if s_i'' 优于 s_i'
26. | | | $s_i' = s_i''$; $k0=1$;
27. | | else
28. | | | $k0=k0+1$;
29. | | end if
30. | end while
31. | if s_i' 优于 s_i
32. | | $s_i = s_i'$; 更新 S;
33. | end if
34. | end for
35. | 找到解集 S 中的最好解 $localbest\_s$;
36. | if $localbest\_s$ 优于 $bestsofar\_s$
37. | | $bestsofar\_s=localbest\_s$; $constant=0$; $constant0=0$;
38. | else
39. | | $constant=constant+1$; $constant0=constant0+1$;
40. | end if
41. | if $constant \leq constant\_T/2$
42. | | 按比例 pm 将候选解集 S 中最差解替换为 $bestsofar\_s$;
43. | end if
44. end while
45. 采用邻域变换方法 Reassign-vehicle 给路径重新分配车辆。

算法通过每条路径方案的改进而逐渐向最优解靠近，但因为邻域 Reassign-vehicle 采用的比例比较小，有些未分配车辆的路径方案改进并不能让总收益目标函数改进，使得这些好的方案很可能在搜索过程中被舍弃。因此，为提高搜索效率，同时为便于还原计算目标函数值，经大量实验测试，将以上算法的评价函数设置为如式（5-24）所示，从而兼顾考虑未分配车辆的路径方案对算法的促进作用。同时，在该评价函数中还允许超载的情形以加罚值的方式存在于方案之中，以增加算法搜索过程中的弹性。

$$s=(z-z_1 \times M) \times (M/1\,000)+(z_0-z_1 \times M) \qquad (5\text{-}24)$$

其中，s——算法的评价值；

z——模型的目标函数；

z_1——超载量和超载运行距离乘积的总和；

z_0——未分配车辆路径方案的总收益；

M——一个充分大的正实数。

因为 OPDPSTCP 路径结构的特点，其解空间中各解之间的连通性不足，即较难从一个解成功转换到另一个解。因此，除采用上述算法评价函数设置措施之外，还有必要通过针对性的设计改造传统 VND 和 VNS 扩大算法的搜索面。如算法 5-4 和算法 5-5 所示，MS_VND 和 MS_VNS 主要从以下几个方面进行改进：

①设置了一个多起点候选解集以扩展搜索的广度，同时在搜索过程中按照一定的比例将候选解集中较差的解替换为当前最优解以提高搜索效率。

②为提高搜索速度，MS_VND 的候选解集中每一个解在每一次局部搜索过程中只变换一次（多候选解单变换），与传统 VND 和 VNS 中每一个解在每一次局部搜索中多次变换（单解多变换）不同。

③为防止算法陷入局部最优，当达到一定的迭代数时，不太差的解也可以接受。

④根据问题特点，提出了 5 种新的变换幅度递进的邻域变换操作并结合路径结构可行理论以提高邻域变换成功率。

根据各邻域的特性，邻域变换幅度从低到高排序初步确定为：Insert< Spread< Point-delete<Route-delete<Perturbation，最终排序方案第 5.4.2 节将进一步研究确定。因为第 5 种邻域变换方法耗时比较多，所以仅选择前 4 种邻域变换方法组合成一个内嵌的简易 VND（算法 5-3 第

19~27 行,算法 5-5 第 22~30 行)作为 VNS 和 MS_VNS 中的局部搜索方法。

5.3.6　各算法计算时间分析

(1) 本书所采用 VND 计算时间的影响因素。

本书所采用 VND 的计算终止条件为:最优解持续 $constant\_T$ 次迭代无改进则算法终止。在每次大循环内部通过改变邻域变换方法来改变搜索的邻域结构大小,并仅进行 1 次邻域变换操作。因此其计算时间仅与参数 $constant\_T$ 有关(正相关)。

(2) 本书所采用 VNS 计算时间的影响因素。

本书所采用的 VNS 计算终止条件为:最优解持续 $constant\_T$ 次迭代无改进则算法终止。在每次大循环内部采用前 5 种邻域变换方法之一来改变搜索范围,进而采用简易 VND 结合前 $n_0=4$ 种邻域变换方法进行局部搜索。因此其计算时间与参数 $constant\_T$ 和选用邻域变换数 n_0 有关(均正相关)。

(3) 本书所采用 MS_VND 计算时间的影响因素。

本书所采用的 MS_VND 计算终止条件为:最优解持续 $constant\_T$ 次迭代无改进则算法终止。在每次大循环内部设置 n 个起点候选解,通过变换邻域方法来改变搜索的邻域结构大小,每个起点解仅进行 1 次邻域变换操作。因此其计算时间与参数 $constant\_T$ 和候选解的个数 n 有关(均正相关)。

(4) 本书所采用 MS_VNS 计算时间的影响因素。

本书所采用的 MS_VNS 计算终止条件为:最优解持续 $constant\_T$ 次迭代无改进则算法终止。在每次大循环内部设置 n 个起点候选解,采用前 5 种邻域变换方法之一来改变搜索范围,进而采用简易 VND 结合前 $n_0=4$ 种邻域变换方法进行局部搜索。因此其计算时间与参数 $constant\_T$、候选解的个数 n 和选用邻域个数 n_0 有关(均正相关)。

据上可得各算法计算时间的影响因素如表 5-5 所示。

表 5-5　各算法计算时间的影响因素

算法	$constant\_T$	n_0	n
VND	√（↑）		
VNS	√（↑）	√（↑）	
MS_VND	√（↑）		√（↑）
MS_VNS	√（↑）	√（↑）	√（↑）

综上，可得初步结论：

（1）MS_VNS 的计算时间最多，VND 的计算时间最少。

（2）当搜索起点候选解数 n 的取值较大时，MS_VND 的计算时间多于 VNS 的计算时间。

以上初步结论将在下一节的算例求解实验中进一步验证。

5.4　基于连通图路径 OPDPST 算例设计及计算结果

为了测试以上 4 种启发式算法（VND，VNS，MS_VND 和 MS_VNS）的效率，本书生成了 84 个基于连通图路径 OPDPST（OPDPSTCP）的算例，分为 3×4，6×8 和 10×10 三种路网规格，采用以上 4 种算法和 Gurobi 进行求解对比。

5.4.1　算例设计

每个算例被命名为：m_0-m_1-m_2-m_3-m_4-L（H）。其中 m_0-m_1 表示图的大小规格；$1/m_2$ 表示每条边的删除概率；$1/m_3$ 表示两点间 PD-pair 的生成概率；$1/m_4$ 表示每点上车辆的生成概率；L（H）表示低或高成本。以 3-4-10-3-3-L 为例，某连通图的规模为 3×4（12 个节点，132 对理论点对），每条边的删除概率为 1/10，任意两点间的 PD-pair 生成概率为 1/3，每个点以 1/3 的概率生成车辆，L 表示低成本。路网上任意两点间只存在一条最短路径。在这些算例中每条边的长度设置为[0.5,

1.5]，每辆车的停站上限设置为 $M_0=2(m_0+1)$，运行距离上限为 $D=2(m_0+1)$（约为图中最远两点间的距离），装载能力为 100；每个 PD-pair 的需求量设置为[10, 20]。

生成的 84 个算例的数据如附录 B 中的 OPDPSTCP 算例数据。

5.4.2 计算环境及算法参数设置

（1）计算环境。

计算所用计算机的主要配置参数为：Intel（R）Core（TM）i7-4510U 2.00 Gigahertz processor and 8 Gigabyte RAM；操作系统为：64-bit Windows 8 系统。算法采用 Matlab R2015b 编程，其中 ILP 求解所用的 Gurobi solver 7.5.2 通过 Yalmip 工具箱嵌入 Matlab 进行编程计算。

（2）算法参数设置。

本书的算法参数和邻域变换的选择顺序基于附录 D 中所提及的 9 个算例（包括大：10×10 个节点、中：6×8 个节点、小：3×4 个节点 3 种规模路网）进行了 15 次测试，参数设置经平衡解的质量和计算时间而确定。

算法中邻域变换的选择顺序确定为 Insert，Spread，Point-delete，Route-delete，Perturbation（k=1, 2, 3, 4 和 5），算法相关参数设置如表 5-6 所示。Gurobi 求解时的终止条件为：表 5-7 中的 Gap≤5% 或者计算时间达到 108 000 s。

表 5-6　VND，VNS，MS_VND 和 MS_VNS 中的参数设置

符号	含义	值
n	多起点候选解集的规模	90
$constant\_T$	解不改进算法终止总迭代次数	$constant\_T=$ $\exp(-20/(2+num\_pd\_pairs))\times 700$
T_0	邻域选择控制参数	20
K	Spread 内循环次数控制值	3

续表

符号	含义	值
p_k	Perturbation 选择邻域组合的概率	Insert, Spread, Point-delete, Rout-delete 和 Reassign-vehicle 分别为 9/24, 7/24, 1/24, 1/24, 6/24
pm	候选解集中最差解的替换比例	1/8

注：$constant\_T$ 中的 num_pd_pairs 为 PD-pair 的数量。

5.4.3 计算结果

计算结果中相关指标及其缩写如表 5-7 所示。

表 5-7 计算结果中相关指标缩写及含义

缩写	含义
UB	Gurobi 在预设时间内获得的解上界
LB	Gurobi 在预设时间内获得的优化解
Gap	LB 和 UB 之间的差值=UB−LB/UB（%）
A_LB	VND, VNS, MS_VND 和 MS_VNS 在预设迭代次数内获得的平均优化
B_LB	VND, VNS, MS_VND 和 MS_VNS 在预设迭代次数内获得的最好解
A_Gap	A_LB 和 LB 之间的差值=(LB−A_LB)/LB（%）
B_Gap	B_LB 和 LB 之间的差值=(LB−B_LB)/LB（%）
Time	平均计算时间（s）

采用 Gurobi, VND, VNS, MS_VND 和 MS_VNS 获得的计算结果如表 5-8（小规模路网），表 5-9（中等规模路网）和表 5-10（大规模路网）所示。每个算例结果均为计算 10 次所得平均值和最好值。

Gurobi, VND, VNS, MS_VND 和 MS_VNS 的求解效率对比如图 5-14、图 5-15 和图 5-16 所示。为便于对比，图中的计算时间进行了取对数折算。

表 5-8 小规模路网算例计算结果

算例	需求数	车辆数	Gurobi UB	Gurobi LB	Gurobi Gap	Gurobi Time	VND A LB	VND B LB	VND A Gap	VND B Gap	VND Time	VNS A LB	VNS B LB	VNS A Gap	VNS B Gap	VNS Time	MS VND A LB	MS VND B LB	MS VND A Gap	MS VND B Gap	MS VND Time	MS VNS A LB	MS VNS B LB	MS VNS A Gap	MS VNS B Gap	MS VNS Time
3-4-10-1-1-L	132		34216	32681	4.49%	57334	32928	33109	-0.76%	-1.31%	7	31081	33102	4.90%	-1.29%	8	33132	33152	-1.38%	-1.44%	48	30836	31517	5.65%	3.56%	267
3-4-10-1-1-H	132		136978	110919	19.02%	108565	134549	135887	-21.30%	-22.51%	9	130067	135881	-17.26%	-22.50%	9	135935	135973	-22.55%	-22.59%	51	135908	135932	-22.53%	-22.59%	373
3-4-10-1-3-L	132	44	34429	30121	12.51%	108686	32252	33918	-7.07%	-12.61%	7	28891	31630	4.08%	-5.01%	4	33751	33928	-12.05%	-12.64%	64	30738	31828	-2.05%	-5.67%	231
3-4-10-1-3-H	132	44	154606	151500	2.01%	52132	127017	134431	16.16%	11.27%	9	124213	135222	18.01%	10.74%	5	154210	154240	-1.79%	-1.81%	53	128448	136410	15.22%	9.96%	282
3-4-10-1-10-L	132	14	34072	32946	3.30%	96339	31787	32034	3.52%	2.77%	7	31567	32781	4.19%	0.50%	4	31802	32895	3.47%	0.15%	45	32619	32776	0.99%	0.52%	396
3-4-10-1-10-H	132	14	136215	134367	1.36%	104729	128286	129385	4.53%	3.71%	6	127461	132468	5.14%	1.41%	5	131817	133199	1.90%	0.87%	59	126228	130829	6.06%	2.63%	363
3-4-10-3-1-L	42	42	9918	9918	0.00%	2214	9903	9905	0.15%	0.13%	4	9900	9900	0.18%	0.18%	2	9905	9905	0.13%	0.13%	14	9903	9905	0.15%	0.13%	95
3-4-10-3-1-H	42	42	51214	51214	0.00%	718	51190	51192	0.05%	0.04%	4	51190	51206	0.05%	0.02%	3	51214	51214	0.00%	0.00%	30	51210	51214	0.01%	0.00%	106
3-4-10-3-3-L	47	16	9945	9945	0.00%	39032	9913	9913	0.32%	0.32%	4	9923	9942	0.22%	0.03%	3	9942	9942	0.03%	0.03%	26	9913	9913	0.32%	0.32%	95
3-4-10-3-3-H	43	15	49033	49033	0.00%	93	49028	49031	0.01%	0.00%	5	49018	49026	0.03%	0.01%	5	49028	49031	0.01%	0.00%	18	49029	49031	0.01%	0.00%	76
3-4-10-3-10-L	42	5	6546	6546	0.00%	7	6447	6546	1.51%	0.00%	4	6336	6398	3.21%	2.26%	3	6529	6546	0.26%	0.00%	25	6544	6546	0.03%	0.00%	90
3-4-10-3-10-H	48	7	34863	34863	0.00%	16	32771	33312	6.00%	4.45%	5	32246	32246	7.51%	7.51%	4	33410	33799	4.17%	3.05%	21	32246	32246	7.51%	7.51%	99
3-4-10-5-1-L	25	25	5610	5610	0.00%	11	5563	5610	0.84%	0.00%	4	5546	5548	1.14%	1.11%	3	5608	5610	0.04%	0.00%	22	5545	5548	1.16%	1.11%	49
3-4-10-5-1-H	23	23	22563	22563	0.00%	15	22563	22563	0.00%	0.00%	3	22563	22563	0.00%	0.00%	3	22563	22563	0.00%	0.00%	11	22563	22563	0.00%	0.00%	46
3-4-10-5-3-L	33	11	8405	8405	0.00%	8	8252	8351	1.82%	0.64%	3	8252	8351	1.82%	0.64%	3	8258	8405	1.75%	0.00%	20	8214	8238	2.27%	1.99%	50
3-4-10-5-3-H	30	10	30603	30598	0.00%	6	30595	30598	0.03%	0.02%	3	30514	30575	0.29%	0.09%	3	30596	30598	0.02%	0.02%	14	30598	30598	0.02%	0.02%	55
3-4-10-5-10-L	28	3	3274	3274	0.00%	1	3274	3274	0.00%	0.00%	2	3192	3274	2.50%	0.00%	2	3274	3274	0.00%	0.00%	7	3274	3274	0.00%	0.00%	54
3-4-10-5-10-H	24	3	11372	11372	0.00%	2	11250	11372	1.07%	0.00%	3	11340	11340	0.28%	0.28%	3	11366	11372	0.05%	0.00%	13	11213	11340	1.40%	0.28%	41
3-4-10-10-1-L	12	12	2184	2184	0.00%	1	2184	2184	0.00%	0.00%	2	2184	2184	0.00%	0.00%	2	2184	2184	0.00%	0.00%	5	2184	2184	0.00%	0.00%	17
3-4-10-10-1-H	13	13	13907	13907	0.00%	2	13907	13907	0.00%	0.00%	2	13907	13907	0.00%	0.00%	2	13907	13907	0.00%	0.00%	7	13907	13907	0.00%	0.00%	24
3-4-10-10-3-L	17	6	3026	3026	0.00%	2	2774	2774	8.33%	8.33%	2	2774	2774	8.33%	8.33%	2	2921	3026	3.47%	0.00%	14	2816	2899	6.94%	4.20%	33
3-4-10-10-3-H	13	6	12840	12840	0.00%	1	12431	12840	3.19%	0.00%	2	12226	12226	4.78%	4.78%	1	12533	12840	2.39%	0.00%	7	12840	12840	0.00%	0.00%	20
3-4-10-10-10-L	13	2	820	820	0.00%	1	795	820	3.05%	0.00%	1	789	811	3.78%	1.10%	1	817	820	0.37%	0.00%	14	811	811	1.10%	1.10%	31
3-4-10-10-10-H	14	2	5607	5607	0.00%	1	5420	5420	3.34%	3.34%	2	5482	5607	2.23%	0.00%	1	5607	5607	0.00%	0.00%	11	5545	5607	1.11%	0.00%	19
平均值			33844	32261	1.78%	23746	31878	32432	1.03%	-0.06%	4	31278	32457	2.31%	0.42%	3	33346	33501	-0.82%	-1.43%	25	31797	32415	1.06%	0.21%	121

注：加粗字体数值为启发式算法获得的各算例的最好解；为便于对比，平均值仅统计了 Gurobi 获得可行解的算例。

第 5 章 OPDPSTCP 模型、路径结构可行理论、启发式算法设计及算法研究

表 5-9 中等规模路网算例计算结果

算例	需求数	车辆数	Gurobi				VND				VNS				MS_VND				MS_VNS			
			UB	LB	Gap	Time	A_LB	B_LB	A_Gap	B_Gap	Time	A_LB	B_LB	A_Gap	B_Gap	Time	A_LB	B_LB	A_Gap	B_Gap	Time	A_LB	B_LB	A_Gap	B_Gap	Time
6-8-10-1-1-L	235	235	—	—	—	—	116 833	116 865	—	—	13	116 891	116 914	—	—	14	116 983	117 008	—	—	48	117 005	117 024	—	—	491
6-8-10-1-1-H	236	236	—	—	—	—	516 404	516 437	—	—	26	516 507	516 537	—	—	15	516 535	516 582	—	—	49	516 517	516 579	—	—	687
6-8-10-1-3-L	225	75	104 232	67 284	35.45%	108 326	100 221	100 307	-48.95%	-49.08%	17	96 598	96 856	-43.57%	-43.95%	10	100 432	100 513	-49.27%	-49.39%	41	99 254	100 446	-47.52%	-49.29%	562
6-8-10-3-1-H	473 459	373 627	21.09%	108 944	466 957	468 647	-24.98%	-25.43%	16	467 052	467 072	-25.00%	-25.01%	7	468 728	468 760	-25.45%	-25.46%	39	468 757	468 772	-25.46%	-25.47%	632
6-8-10-3-3-L	217	22	78 211	60 219	23.00%	108 178	60 717	61 050	-0.83%	-1.38%	26	60 625	60 684	-0.67%	-0.77%	26	61 149	61 701	-1.54%	-2.46%	33	60 961	61 082	-1.23%	-1.43%	745
6-8-10-10-H	258	26	338 092	263 477	22.07%	108 706	279 376	284 043	-6.03%	-7.81%	27	274 997	279 218	-4.37%	-5.97%	15	293 349	297 011	-11.34%	-12.73%	46	286 728	296 510	-8.82%	-12.54%	1085
6-8-10-25-1-L	94	94	49 933	49 933	0.00%	39 349	49 862	49 885	0.14%	0.10%	13	49 829	49 897	0.21%	0.07%	5	49 885	49 892	0.10%	0.08%	18	49 898	49 902	0.07%	0.06%	461
6-8-10-25-1-H	92	92	197 280	197 280	0.00%	33 588	197 255	197 264	0.01%	0.01%	11	197 264	197 264	0.01%	0.01%	4	197 264	197 264	0.01%	0.01%	17	197 264	197 264	0.01%	0.01%	377
6-8-10-25-3-L	101	34	46 332	46 332	0.00%	29 776	45 883	45 889	0.97%	0.96%	15	45 879	45 881	0.98%	0.97%	5	45 887	45 899	0.96%	0.96%	20	45 934	46 040	0.86%	0.63%	376
6-8-10-25-3-H	90	30	166 326	166 308	0.01%	38 317	161 644	161 901	2.80%	2.69%	19	161 508	161 901	2.89%	2.65%	4	162 355	163 673	2.38%	1.58%	23	161 901	161 901	2.65%	2.65%	481
6-8-10-25-10-L	96	10	21 552	21 552	0.00%	2 224	21 370	21 487	0.84%	0.30%	18	21 487	21 487	0.30%	0.30%	8	21 458	21 499	0.44%	0.25%	18	21 503	21 534	0.23%	0.08%	489
6-8-10-25-10-H	90	9	73 877	73 614	0.36%	10 146	71 004	72 560	3.55%	1.43%	25	68 163	68 862	7.40%	6.46%	8	71 712	72 560	2.58%	1.43%	35	71 621	72 003	2.71%	2.19%	653
6-8-10-50-1-L	42	42	16 469	16 469	0.00%	99	16 357	16 424	0.68%	0.27%	15	16 350	16 404	0.72%	0.39%	2	16 416	16 416	0.32%	0.32%	24	16 400	16 416	0.42%	0.32%	76
6-8-10-50-1-H	44	44	79 372	79 372	0.00%	51	79 228	79 288	0.18%	0.11%	13	79 265	79 299	0.13%	0.09%	4	79 327	79 348	0.06%	0.03%	26	79 259	79 259	0.14%	0.14%	244
6-8-10-50-3-L	52	18	19 935	19 935	0.00%	193	19 415	19 421	2.61%	2.58%	19	19 421	19 421	2.58%	2.58%	7	19 495	19 689	2.21%	1.63%	20	19 454	19 521	2.41%	2.08%	241
6-8-10-50-3-H	33	11	51 849	51 849	0.00%	11	51 267	51 790	1.12%	0.11%	18	51 005	51 005	1.63%	1.63%	2	51 204	51 849	1.24%	0.00%	13	51 025	51 064	1.59%	1.51%	139
6-8-10-50-10-L	44	5	6 183	6 183	0.00%	6	6 016	6 182	2.70%	0.02%	6 099	6 182	1.36%	0.02%	2	6 182	6 182	0.02%	0.02%	14	6 182	6 182	0.02%	0.02%	240

续表

算例	需求数	车辆数	Gurobi				VND					VNS					MS_VND					MS_VNS				
			UB	LB	Gap	Time	A_LB	B_LB	A_Gap	B_Gap	Time	A_LB	B_LB	A_Gap	B_Gap	Time	A_LB	B_LB	A_Gap	B_Gap	Time	A_LB	B_LB	A_Gap	B_Gap	Time
6-8-10-50-10-H	30	3	17691	17691	0.00%	5	17691	17691	0.00%	0.00%	9	17691	17691	0.00%	0.00%	2	17691	17691	0.00%	0.00%	9	17691	17691	0.00%	0.00%	189
6-8-10-100-1-L	19	19	8589	8589	0.00%	4	8589	8589	0.00%	0.00%	6	8589	8589	0.00%	0.00%	1	8589	8589	0.00%	0.00%	6	8589	8589	0.00%	0.00%	49
6-8-10-100-1-H	20	20	44893	44893	0.00%	4	44893	44893	0.00%	0.00%	6	44893	44893	0.00%	0.00%	1	44893	44893	0.00%	0.00%	6	44893	44893	0.00%	0.00%	28
6-8-10-100-3-L	27	9	9247	9247	0.00%	5	9240	9247	0.08%	0.00%	4	9114	9237	1.44%	0.11%	2	9237	9237	0.11%	0.11%	12	9237	9237	0.11%	0.11%	119
6-8-10-100-3-H	22	8	33852	33852	0.00%	3	33841	33852	0.03%	0.00%	2	33771	33818	0.24%	0.10%	1	33852	33852	0.00%	0.00%	10	33852	33852	0.00%	0.00%	139
6-8-10-100-10-L	25	3	2781	2734	0.00%	3	2734	2734	1.69%	1.69%	2	2734	2734	1.69%	1.69%	1	2734	2734	1.69%	1.69%	8	2734	2734	1.69%	1.69%	101
6-8-10-100-10-H	18	2	9165	9165	0.00%	2	9165	9165	0.00%	0.00%	2	9165	9165	0.00%	0.00%	1	9165	9165	0.00%	0.00%	9	9165	9165	0.00%	0.00%	50
6-8-10-200-1-L	14	14	6250	6250	0.00%	3	6236	6241	0.22%	0.14%	2	6232	6232	0.29%	0.29%	1	6242	6250	0.13%	0.00%	6	6232	6232	0.29%	0.29%	45
6-8-10-200-1-H	15	15	35899	35899	0.00%	4	35857	35857	0.12%	0.12%	1	35857	35857	0.12%	0.12%	1	35865	35899	0.09%	0.00%	4	35857	35857	0.12%	0.12%	41
6-8-10-200-3-L	11	4	2606	2606	0.00%	9	2536	2536	2.69%	2.69%	1	2536	2536	2.69%	2.69%	1	2536	2536	2.69%	2.69%	8	2536	2536	2.69%	2.69%	39
6-8-10-200-3-H	16	6	23514	23514	0.00%	10	23290	23514	0.95%	0.00%	2	23179	23179	1.42%	1.42%	1	23447	23514	0.28%	0.00%	4	23514	23514	0.00%	0.00%	130
6-8-10-200-10-L	11	2	1987	1987	0.00%	10	1987	1987	0.00%	0.00%	1	1987	1987	0.00%	0.00%	1	1987	1987	0.00%	0.00%	4	1987	1987	0.00%	0.00%	116
6-8-10-200-10-H	9	2	1778	1778	0.00%	9	1778	1778	0.00%	0.00%	1	1778	1778	0.00%	0.00%	1	1778	1778	0.00%	0.00%	4	1778	1778	0.00%	0.00%	34
平均值			68620	60417	3.64%	21003	65157	65508	-2.12%	-2.52%	10	64752	64969	-1.70%	-1.93%	4	65816	66085	-2.58%	-2.84%	17	65507	65927	-2.39%	-2.69%	281

注：加粗字体数值为启发式算法获得的各算例的最好解；为便于对比，平均值仅统计了 Gurobi 获得可行解的算例。

第 5 章 OPDPSTCP 模型、路径结构可行理论、启发式算法设计及算法研究

表 5-10 大规模路网算例计算结果

算例	需求数	车辆数	Gurobi UB	Gurobi LB	Gurobi Gap	Gurobi Time	VND A_LB	VND B_LB	VND A_Gap	VND B_Gap	VND Time	VNS A_LB	VNS B_LB	VNS A_Gap	VNS B_Gap	VNS Time	MS_VND A_LB	MS_VND B_LB	MS_VND A_Gap	MS_VND B_Gap	MS_VND Time	MS_VNS A_LB	MS_VNS B_LB	MS_VNS A_Gap	MS_VNS B_Gap	MS_VNS Time
10-10-10-50-1-L	188	188	—	—	—	—	131 474	131 521	—	—	11	131 586	131 619	—	—	50	131 635	131 703	—	—	73	131 600	131 610	—	—	210
10-10-10-50-1-H	199	199	—	—	—	—	603 526	603 650	—	—	15	603 728	603 802	—	—	39	603 842	**603 900**	—	—	74	603 775	603 827	—	—	284
10-10-10-50-3-L	222	74	—	—	—	—	130 314	130 933	—	—	29	130 665	131 811	—	—	77	131 860	**133 212**	—	—	152	131 714	131 901	—	—	1 063
10-10-10-50-3-H	203	68	—	—	—	—	539 915	541 851	—	—	16	544 218	546 792	—	—	69	545 060	547 189	—	—	71	546 634	**548 831**	—	—	977
10-10-10-50-1-L	186	19	59 967	56 465	5.84%	108 527	53 118	54 924	5.93%	2.73%	28	52 816	53 080	6.46%	5.99%	61	54 623	**55 662**	3.26%	1.42%	116	54 145	55 339	4.11%	1.99%	1 327
10-10-10-50-10-H	203	21	344 505	249 154	27.68%	108 420	230 001	231 733	7.69%	6.99%	28	234 325	235 742	6.14%	5.38%	97	233 858	239 642	6.14%	3.82%	59	237 027	**241 101**	4.87%	3.23%	1 750
10-10-10-100-1-L	110	110	77 092	75 443	2.14%	108 457	75 436	75 455	0.01%	−0.02%	23	75 421	75 447	0.03%	−0.01%	27	75 441	75 447	0.00%	−0.01%	36	75 452	**75 458**	−0.01%	−0.02%	480
10-10-10-100-1-H	87	87	280 912	280 912	0.00%	11 413	280 787	280 791	0.04%	0.04%	20	280 769	280 786	0.05%	0.04%	31	280 828	**280 898**	0.03%	0.00%	43	280 805	280 817	0.04%	0.03%	728
10-10-10-100-3-L	105	31	62 249	61 238	1.62%	70 048	59 433	59 561	2.95%	2.74%	12	59 400	59 409	3.00%	2.99%	20	59 910	**60 408**	2.17%	1.36%	64	59 432	59 444	2.95%	2.93%	460
10-10-10-100-3-H	87	29	219 504	212 445	3.22%	108 757	211 073	211 698	0.65%	0.39%	27	209 740	211 570	1.27%	0.41%	21	211 848	**213 138**	0.28%	−0.33%	30	211 582	211 588	0.41%	0.40%	680
10-10-10-100-10-L	113	12	26 582	25 394	4.47%	108 226	23 305	23 627	8.23%	6.96%	6	23 992	24 553	5.52%	3.31%	89	24 644	**24 996**	2.95%	1.57%	67	24 772	24 996	2.45%	1.57%	604
10-10-10-100-10-H	76	8	66 552	66 552	0.00%	222	65 458	65 458	1.64%	1.64%	3	65 715	66 229	1.26%	0.49%	40	66 431	**66 552**	0.18%	0.00%	42	66 404	66 552	0.22%	0.00%	105
10-10-10-200-1-L	44	44	30 204	30 204	0.00%	64	30 152	**30 181**	0.17%	0.08%	4	30 121	30 121	0.27%	0.27%	19	30 153	30 166	0.17%	0.13%	35	30 141	30 181	0.21%	0.08%	114
10-10-10-200-1-H	49	49	139 537	139 537	0.00%	90	139 466	139 514	0.05%	0.02%	4	139 505	139 514	0.02%	0.02%	40	139 515	**139 528**	0.02%	0.01%	20	139 528	139 528	0.01%	0.01%	62
10-10-10-200-3-L	45	15	22 980	22 980	0.00%	22	22 269	22 281	3.09%	3.04%	4	22 150	22 281	3.61%	3.04%	19	22 753	**22 819**	0.99%	0.70%	31	22 602	22 651	1.64%	1.43%	60
10-10-10-200-3-H	60	20	139 836	134 403	3.89%	81 579	127 257	130 248	5.32%	3.09%	6	125 947	127 112	6.29%	5.42%	36	130 157	**131 375**	3.16%	2.25%	58	125 983	126 554	6.26%	5.84%	80

续表

算例	需求数	车辆数	Gurobi				VND					VNS					MS_VND					MS_VNS				
			UB	LB	Gap	Time	A_LB	B_LB	A_Gap	B_Gap	Time	A_LB	B_LB	A_Gap	B_Gap	Time	A_LB	B_LB	A_Gap	B_Gap	Time	A_LB	B_LB	A_Gap	B_Gap	Time
10-10-10-200-10-L	54	6	11 920	11 920	0.00%	10	11 920	**11 920**	0.00%	0.00%	4	11 920	**11 920**	0.00%	0.00%	51	11 920	**11 920**	0.00%	0.00%	25	11 920	**11 920**	0.00%	0.00%	111
10-10-10-200-10-H	64	7	60 260	60 260	0.00%	24	57 697	57 830	4.25%	4.03%	4	57 830	57 830	4.03%	4.03%	31	58 073	60 260	3.63%	0.00%	23	57 830	57 830	4.03%	4.03%	98
10-10-10-500-1-L	20	20	12 331	12 331	0.00%	4	12 301	12 303	0.24%	0.23%	2	12 284	12 300	0.38%	0.25%	13	12 302	**12 310**	0.24%	0.17%	16	12 300	12 300	0.25%	0.25%	36
10-10-10-500-1-H	13	13	42 093	42 093	0.00%	2	**42 093**	**42 093**	0.00%	0.00%	1	**42 093**	**42 093**	0.00%	0.00%	22	**42 093**	**42 093**	0.00%	0.00%	6	**42 093**	**42 093**	0.00%	0.00%	18
10-10-10-500-3-L	13	5	32 671	32 671	0.00%	1	**32 671**	**32 671**	0.00%	0.00%	1	**32 671**	**32 671**	0.00%	0.00%	13	**32 671**	**32 671**	0.00%	0.00%	7	**32 671**	**32 671**	0.00%	0.00%	19
10-10-10-500-3-H	19	7	36 724	36 724	0.00%	2	36 415	36 609	0.84%	0.31%	2	36 318	36 318	1.11%	1.11%	19	36 724	36 609	0.44%	0.00%	13	36 512	36 609	0.58%	0.31%	35
10-10-10-500-10-L	18	2	3 366	3 366	0.00%	1	3 366	**3 366**	0.00%	0.00%	3	3 366	**3 366**	0.00%	0.00%	16	3 366	**3 366**	0.00%	0.00%	8	3 366	**3 366**	0.00%	0.00%	28
10-10-10-500-10-H	22	3	20 093	20 093	0.00%	2	20 046	20 093	0.23%	0.00%	2	19 951	19 951	0.71%	0.71%	13	20 093	20 093	0.00%	0.00%	13	19 951	19 951	0.71%	0.71%	40
10-10-10-1000-1-L	12	12	7 392	7 392	0.00%	2	7 392	**7 392**	0.00%	0.00%	1	7 392	**7 392**	0.00%	0.00%	13	7 392	**7 392**	0.00%	0.00%	3	7 392	**7 392**	0.00%	0.00%	11
10-10-10-1000-1-H	12	12	33 227	33 227	0.00%	1	33 227	**33 227**	0.01%	0.01%	1	33 227	**33 227**	0.01%	0.01%	10	33 227	**33 227**	0.00%	0.00%	5	33 227	**33 227**	0.00%	0.00%	13
10-10-10-1000-3-L	11	11	4 039	4 039	0.00%	1	4 039	**4 039**	0.00%	0.00%	1	4 039	**4 039**	0.00%	0.00%	25	4 039	**4 039**	0.00%	0.00%	4	4 039	**4 039**	0.00%	0.00%	12
10-10-10-1000-3-H	9	3	13 617	13 617	0.00%	1	13 617	**13 617**	0.00%	0.00%	1	13 617	**13 617**	0.00%	0.00%	13	13 617	**13 617**	0.00%	0.00%	3	13 617	**13 617**	0.00%	0.00%	10
10-10-10-1000-10-L	9	1	2 795	2 795	0.00%	1	2 795	**2 795**	0.00%	0.00%	1	2 795	**2 795**	0.00%	0.00%	22	2 795	**2 795**	0.00%	0.00%	5	2 795	**2 795**	0.00%	0.00%	16
10-10-10-1000-10-H	7	1	6 105	6 105	0.00%	1	6 105	**6 105**	0.00%	0.00%	1	6 105	**6 105**	0.00%	0.00%	16	6 105	**6 105**	0.00%	0.00%	3	6 105	**6 105**	0.00%	0.00%	7
平均值			67 560	63 129	1.88%	27 149	61 594	61 905	1.59%	1.24%	8	61 673	61 903	1.54%	1.29%	30	62 093	**62 586**	0.91%	0.43%	28	61 988	62 236	1.11%	0.88%	266

注: 加粗字体数值为启发式算法获得的各算例的最好解; 为便于对比, 平均值仅统计了 Gurobi 获得可行解的算例。

第 5 章　OPDPSTCP 模型、路径结构可行理论、启发式算法设计及算法研究

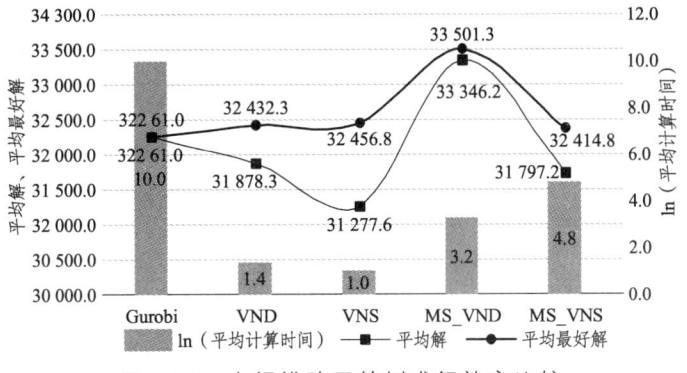

图 5-14　小规模路网算例求解效率比较

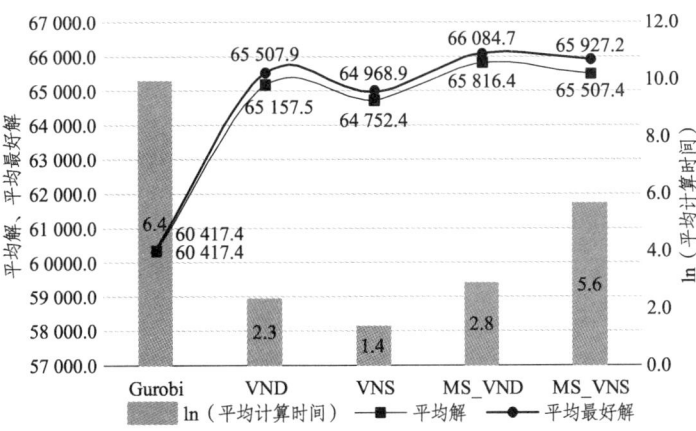

图 5-15　中等规模路网算例求解效率比较

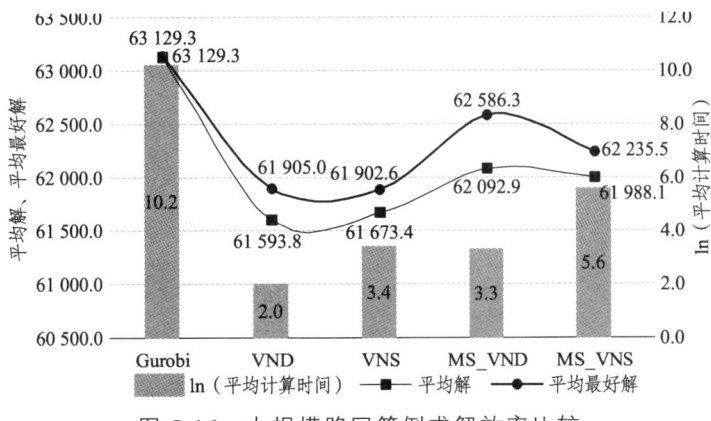

图 5-16　大规模路网算例求解效率比较

图 5-14 ~ 图 5-16 和表 5-8 ~ 表 5-10 的结果表明：

（1）Gurobi、VND、VNS、MS_VND 和 MS_VNS 的计算时间和路网的大小规格（节点数）关系不大，其原因在于本书的 OPDPSTCP 采用基于 PD-pair 间和 PD-pair 与车辆间连接关系的方式建模，第 4.3.1 节已分析。Gurobi 的计算时间主要受 PD-pair 和车辆的数量影响，因为车辆数和 PD-pair 数是该问题数值最大的变量，而 Gurobi 计算时间与变量数密切相关，原因第 4.3.1 节也已分析；VND、VNS、MS_VND 和 MS_VNS 的计算时间则主要受 PD-pair 的数量影响，其主要原因在于车辆数和 PD-pair 数是该问题数值最大的变量，而算法中车辆分配所涉及的邻域操作 Reassign-vehicle 被较小概率采用，因此计算时间受车辆数影响相对较小。（见表 5-8、表 5-9 和表 5-10。）

（2）总体来说，针对不超过 100 个 PD-pair 的算例，Gurobi 一般能在 108 000 s 之内得到最优解。针对车辆与 PD-pair 数量的乘积不大于 4 000 的算例，Gurobi 一般能在 108 000 s 之内得出 UB 和 LB 间的 Gap 不大于 20%的解。针对车辆与 PD-pair 数量的乘积大于 13 000 的算例，Gurobi 常常很难得到可行解。（见表 5-8、表 5-9 和表 5-10。）

（3）对于几乎所有算例来说，VND、VNS、MS_VND 和 MS_VNS 大多数情况下能在可接受的计算时间内获得与 Gurobi 差距不大于 10%的解，MS_VND 基本能在可接受的计算时间内获得与 Gurobi 差距不大于 5%的解（见表 5-8、表 5-9 和表 5-10）。MS_VNS 所得解的整体水平仅次于 MS_VND，但需耗费的计算时间远多于 MS_VND。（见表 5-8、表 5-9、表 5-10、图 5-14、图 5-15 和图 5-16。）

（4）对于 PD-pair 和车辆数量较大的算例，VND、VNS、MS_VND 和 MS_VNS 往往能得到优于 Gurobi 的解。（见表 5-8、表 5-9 和表 5-10。）

（5）对于大多数算例而言，MS_VND 所得出的解的质量明显要优于 VND、VNS 和 MS_VNS（见表 5-8、表 5-9、表 5-10、图 5-14、图 5-15 和图 5-16）。而且 MS_VND 在大多数算例中获得了最好的平均解和最优解（如表 5-8、表 5-9 和表 5-10 中的黑体字部分）。

（6）算例结果进一步验证了第 5.3.6 节中关于 VND、VNS、MS_VND 和 MS_VNS 计算时间的分析结论。

综上可知，针对 OPDPSTCP，本书提出的 MS_VND 所求解的质量较高，计算耗时短，基本能获得与 Gurobi 差距不大于 5% 的解，当有计算时间限制时所求的解甚至比 Gurobi 求得的解还要好。对于需求数量为 7~236 的算例，按照预定参数设置，算法可以在 3~152 s 内获得质量不错的优化解，且大多数算例的求解时间低于 40 s，算例的平均求解时间约为 23 s。其求解时效对于静态的运输规划问题完全可以接受，对于一些动态的运输规划问题也有较高的应用价值。

5.4.4 各算法求解结果差异原因分析

（1）多起点搜索策略对计算结果的影响。

根据上节计算结果对比分析可知，在邻域变换方法和终止条件等设置相同的条件下，MS_VND 和 MS_VNS 所得平均优化结果整体优于传统 VND 和 VNS 所得结果。究其原因为基于连通图路径 OPDPST（OPDPSTCP）路径结构的特征使得该问题解空间的连通性不强，本书提出的多起点（Muilt-Start）搜索策略有助于降低此特征对求解质量的影响。

（2）搜算广度和深度对计算结果的影响。

MS_VND 的每一个候选解在每一次循环时只变换一次（多候选解单变换，强调搜索的广度），与 VNS（单解多变换，强调搜索的深度）和 MS_VNS（多候选解多变换，强调搜索的广度和深度）不同。根据上节计算结果对比分析可知，在邻域方法和终止条件等设置相同的条件下 MS_VND 所得平均优化结果整体优于 MS_VNS 和 VNS 所得结果。可见，根据 OPDPSTCP 的特征，采用注重搜索广度的"多候选解单变换"策略的 MS_VND 所得结果，好于采用注重搜索深度策略的 VNS 和采用注重搜索广度及深度策略的 MS_VNS 所得结果。

5.5 小　结

　　本章结合网约车调度问题主要特点，进一步深入研究了一种新的基于连通图路径 OPDPST（OPDPSTCP），该问题是一种仅考虑运输模式Ⅲ的 OPDPST。OPDPSTCP 除具有第 4 章所研究的 OPDPST 的基本特征外，车辆还需沿着实际连通图中的路径（Path）运行，即车辆不允许重复访问实际连通图中的任一节点。针对该问题的特征，本章在 OPDPST 的模型Ⅲ的基础上改造建立了 OPDPSTCP 的新模型，研究了其路径结构可行理论，提出了 5 种邻域变换方法，继而基于上述路径结构可行理论和邻域变换方法提出了多起点变邻域下降算法（MS_VND）和多起点变邻域搜索算法（MS_VNS）2 种启发式算法，并与传统变邻域下降算法（VND）和变邻域搜索算法（VNS）以及 Gurobi 计算软件等比较了求解效率。

　　经与 Gurobi 计算所得结果对比表明：VND、VNS、MS_VND 和 MS_VNS 等启发式算法基本能在可接受的计算时间内获得与 Gurobi 差距在 10%以内的解；MS_VND 所获得的解的质量明显要优于 VND、VNS 和 MS_VNS 等所获得的解；对于 PD-pair 数量较多的算例，MS_VNS 所获得的解的质量虽然在启发式算法中最接近 MS_VND，但其耗费的求解时间远多于 MS_VND；对于大规模 OPDPSTCP 算例，MS_VND 通常能在可以接受的时间内获得较为满意的解，这对于求解大规模现实应用问题具有重要价值，下一章将就此展开案例研究。

第 6 章 基于 OPDPST 理论的网约车调度问题仿真研究

本章拟基于需求按最短路运输的一对一取送路径问题（OPDPST）相关理论结合某城市核心区网约车调度案例模拟数据，分静态和动态调度方案对网约车调度问题展开研究，验证 OPDPST 理论在该问题中的有效性，为网约车调度实际应用问题提供理论参考和支持。因网约车调度实际应用问题的复杂性，未来如需将本书理论投入该问题进行实际应用，可结合具体问题特征和要求进一步展开研究。

6.1 案例背景、现有模式及待深入研究的问题

6.1.1 案例背景

在我国，出租车调度方式经历了路边扬招、电话召车、网络召车等阶段。受一些因素制约，各阶段都存在一些较难解决的问题。在路边扬招阶段，出租车在路网上漫无目的地巡游，乘客在路边等待，偶遇后招手上车。这种方式在人员密集的城市中心区域效率基本尚可，在人员相对不太密集的地方效率将大大降低，造成出租车无客运行时间过多，增加了路网车流负荷，带来了城市汽车尾气的排放压力。进入电话招车阶

段后，以上矛盾有所缓解，出租车的运行有了目的性。但由于供需信息的实时性不强，乘客违约率相对较高，电话召车系统的用户比例增长缓慢。

随着移动通信技术和云计算技术的快速发展，交通运输领域供需信息交流日益实时、便捷，这使进一步提高交通运输组织水平成为可能，也催生了一系列新的运输组织模式。近十年来，网络召车平台逐渐兴起，因其供需及支付信息交流优势快速占领市场，已成为人们在市区日常租车出行的首选方式，一种新出行模式——网约车也开始出现在出租车租赁市场上。但目前网约车系统也存在一些待解决的问题：司机盲目抢单造成效率低下，同时影响行车安全；系统推介仅考虑局部个体方案最优，有时部分方案过于粗糙，存在里程和计价等方面的争议，造成司机和乘客均不满意；司机、乘客拼车出行的意愿均不高。

以上问题的存在除法律、市场、管理等因素之外，另一个重要的原因就是系统的调度组织水平有待提高。尤其对于网约车拼车这一新的模式而言，通信和计算技术条件已具备，法律层面也有相应依据，拼车显然可以提高效率，使平台、司机和乘客三方均有机会获利。但在实际操作过程中，由于绕路运输等原因使得乘客体验不佳，进而需求流失，系统失去拼车的基础，最终造成乘客、司机和平台的利益得不到保障，网约车拼车这一模式的发展一直不温不热。

综上，当前网约车调度系统存在的主要问题之一就是调度算法水平有待进一步提高。乘客需要的是一条快捷的单乘或拼乘线路方案，这一核心需求亟待满足，因为这是拼车模式成功的基础。

网约出行目前比较常见的方式主要有：网约专车、网约快车、网约出租车和网约顺风车等。其中网约快车具有拼车功能，其主要特点包括：自主选择拼车与否、顺路拼车、无起步价、同时拼车不超过两单等。此外网约车平台还会根据出行历史数据对车主和乘客进行等级划分。

下面将据此构造案例验证 OPDPST 理论在网约车调度问题中的应用效果。

6.1.2 网约车现有拼车调度模式和线路优化方案

本节将就网约车目前主要的拼车调度模式和线路优化方案进行分析。

1. 拼车调度模式

当前网约车的拼车调度模式主要有两类：拼成后出发和上车后拼单。

第一类调度模式为一种固定时间段内的静态调度模式。在该模式中，乘客提前向系统推送需求信息，在出发前系统先制定满足乘客拼成一口价乘车的需求组合方案，即先匹配好乘伴，再安排车辆。提前推送信息有利于系统积攒一定数量的拼车需求，从而提高拼车的成功率。

第二类调度模式为一种动态调度模式。在该模式中，乘客选择拼车后系统马上将数据发送给附近的车辆，车辆实时接收相近线路的拼车需求信息，评估确定是否装载。空车和允许拼车的载客车辆均可接单，该种模式可满足时效要求较高的乘客需要，帮助乘客在排队打车时更快地出发。

2. 线路优化方案

网约车应用领域最核心的问题是线路优化问题，线路优化算法直接影响到平台的盈利、车辆的效率和乘客的体验。因此，线路优化方案可从平台、司机和乘客3个角度来进行优化。其中，平台角度主要考虑订单完成数和总收益最大化；司机角度主要考虑个体收入最大化和运输时间、距离的最小化；乘客则主要考虑运输和等待时间最小化以及社会人际关系的良好体验。因为选择拼车模式后乘客需支付的费用基本确定，所以一旦确认拼车之后运价不再是乘客的首要考虑因素。

综上，当前网约车调度平台的线路优化方案考虑的主要目标和约束条件包括：

（1）平台和司机的收入。

拼车平台和司机收益是系统正常运行的动力，该因素一般放入目标函数考虑。

（2）完成的订单总数。

对平台来说，订单量是平台生存的基础。订单数量的增加除带来直接收入上升之外，还能使系统拼车成功率大大增加，进一步扩大企业的影响力，增加平台的收益。因此，平台经常会给予司机订单完成数量方面的奖励，以激励司机多完成订单任务。

（3）运行线路长度和时间。

运行线路长度和时间是司机和乘客特别关注的指标。该指标直接影响司机的成本和完成订单的数量，也是乘客共乘体验的重要关注因素，因此该指标一般也会放入目标函数考虑。此外，在约束条件中也应对绕路情况实行一定程度的刚性约束，不能为了系统的最优而过于损害任何乘客和司机的个体效益。实际运输组织中过度绕路比例不大，但却时有发生，严重影响到平台的信誉。

（4）社会人际关系的体验。

社会人际关系的体验是乘客的又一重要关注指标。该指标包括拼车对象的诚信度和良好的乘车习惯。

诚信度直接影响到拼车计划的成功实施，不仅直接影响到司机的收益，也会影响其他乘客的收益和出行时间。如某乘客同意绕路去接拼车对象乘客，中途拼车对象乘客毁约造成拼车失败，订单面临是否转为非拼车模式计算费率的问题，这类争议在实际中时有发生。

拼车对象的乘车习惯也会影响到乘客对平台的信任度，严重的还可能影响到乘客的出行安全。

因此有些平台也会对乘客的信誉指标进行评价，将其纳入线路优化算法考虑。

6.1.3　网约车调度领域待深入研究的问题

综上第 2.5 节 DARP 理论研究现状和上述网约车调度问题现状可以发现，目前网约车调度应用领域存在以下几点待深入研究的问题：

（1）动态网约车调度。

目前，网约车调度的研究大多针对静态模式，对于动态模式的研究相对较少。

（2）乘客拼车体验指标。

传统研究关注较多的是乘客等待时间最小化、收益最大化等目标。近年来开始有文献关注优化拼车过程中的乘客体验，如乘客、拼车对象乘客、司机间的社交关系和绕路情形等。可见乘客体验在拼车需求匹配中越来越重要，如何量化这些指标并在算法中予以考虑，亟待研究。

（3）全局性的综合线路优化算法。

目前，考虑多方角度的全局性网约车线路优化问题理论和算法的研究偏少，尚未形成完整的理论体系，既有研究大多考虑局部范围内的单司机对多乘客的情形（选单）或多司机对单乘客的情形（抢单）。

基于上述分析，网约车调度问题的核心是车辆路径的合理规划。下面将通过静态、动态两个案例来测试 OPDPST 相关理论在网约车调度问题中的应用效果。核心模型将运输收入、运输成本等因素纳入问题的目标函数，并在计算过程中对绕路情形、装载能力和停站次数等进行限制，以提升乘客体验水平，提高网约车调度系统效率。

对于第一类静态调度问题，拟采用第 5 章的模型和算法直接求解。对于第二类动态调度问题，拟将问题分为若干子阶段，每一阶段视作一个静态子问题，进而基于第 4 章和第 5 章模型和算法的相关理论构造动态仿真系统进行求解。

6.2 静态网约车调度案例验证

6.2.1 静态网约车调度案例描述

图 6-1 为某城市核心区的道路网，按照路口提炼出 108 个路网节点，每个节点辐射半径 300 m，任意两个节点间只认定一条最短路。在 9:00—

9:10 时段，存在 360 个预约租车需求（随机生成）和 200 辆位置已知的服务车辆（随机生成）。为保证乘客的出行体验，每辆车的运行路线设置有运行里程上限和停站数上限，且要求在该阶段计划中车辆沿着一个不重复访问站点的路径（Path）运行。现要求制定该时段内一个尽量好的网约车调度方案，在满足客户需求的前提下实现系统收益最大化。

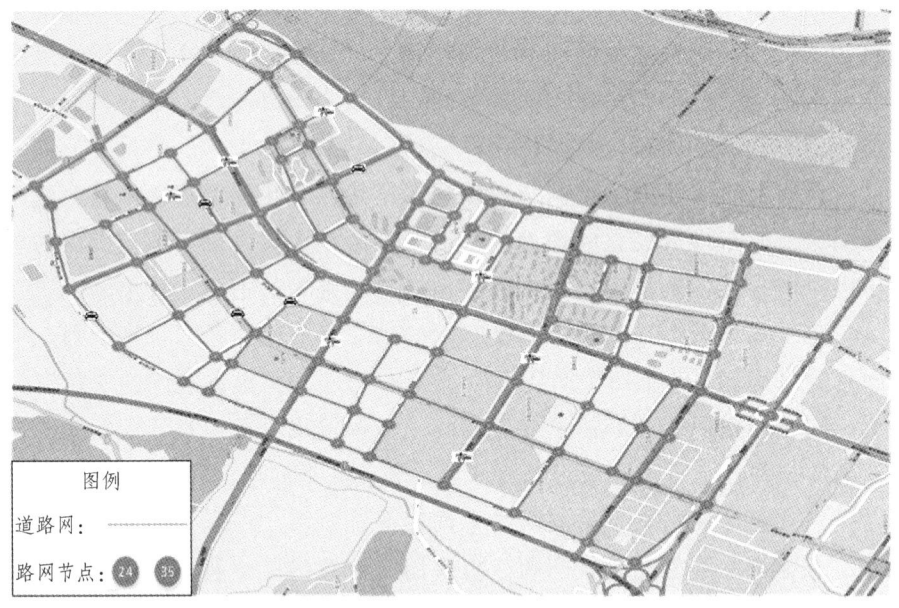

图 6-1　某城市核心区道路网

在实际生活中，乘客不希望因为拼车而绕路。由于路网被提炼成由 108 个节点组成的连通图，所有需求起止点和车辆位置均被修正到最近节点，所以在该连通图上严格执行不能绕路运输乘客。在实际执行过程中，经司机和乘客沟通，乘客可在原地等待网约车也可往目的地方向前进，网约车在接到乘客前以修正后的节点为目标运行，并实时根据乘客位置调整运行线路，网约车因为拼车和接客等原因而在节点附近的辐射范围内产生额外运行路线及由此而产生的时间和资源消耗等均不计入模型。

该问题寻求系统最优，为简明验证模型，取其核心目标函数，包括：乘客位移折算收益 2.0 元/（km·人）（参照网约车平均单位里程费率[168]）；

车辆运输成本 0.7 元/km（油耗 0.5 元/km，按主流车型计；购置和保养成本 0.2 元/km，选择购置和保养成本 12 万元的车辆按照 60 万 km 计报废里程）；车辆停站折算成本为 0.7 元每千次（起停带来的车辆损耗和油耗增加等预估成本，该值对网约车调度效率有影响，但行内无统一取值）；由于网约车起步费用（第 5.1.3 节模型中车辆的固定使用成本）在网约车司机和乘客间转移，并不实际影响系统总收益，因此本章的案例模型和一些网约车平台一样将其设置为 0 元，不将其纳入目标函数。

上述目标函数中，乘客位移折算收益为乘客位移这一运输产品带来的收益，其单位收益在本节案例中暂且参考实际网约车单位里程费率确定，但和司机单位里程收入不是同一个概念。司机单位里程收入转移自乘客支付费用，与系统通过乘客位移所产生的实际价值相关，但并不一定与之等价，因为司机单位里程收入与乘客数无关。

为提高网约车利用率，本书静态案例和动态案例模型均通过网约车装载能力而不是拼车单数来约束其拼车规模。此外，司机和乘客等级对约车成功率和成本有所影响，但因大多数司机和乘客等级相差不大，为简明验证模型，本书案例暂不考虑司机和乘客等级对调度方案的影响。

据此模拟生成的案例数据详见附录 E 中的案例静态问题初始阶段数据，数据中距离单位为 m，计算时需折算为 km。

6.2.2 静态网约车调度拼车方案选择

在现实生活中，网约车的调度方案包括不允许拼车和允许拼车两种。结合第 3.4.2 节，不允许拼车静态网约车调度方案采用的是运输模式Ⅰ（One-by-one 模式，依次运送每一单运输需求），允许拼车静态网约车调度方案采用的是运输模式Ⅲ（Path 模式，允许需求拼车，但每个周期内车辆不能重复访问任意节点）。

本节将分别从不允许拼车和允许拼车两个角度来编制静态网约车调度方案，采用 OPDPST 相关模型及算法对不允许拼车和允许拼车两种静态网约车调度问题进行描述和计算，通过算例进一步验证第 3、4 章中

OPDPST 运输模式及模型的相关理论和第 5 章中相关算法的效率。

运输模式 Ⅱ 的本质为运输模式 Ⅰ 和 Ⅲ 的综合,根据第 4.2.3 节的算例计算结果可知:当车辆数量充足(大于需求数量的 1/3)或者车辆运输线路长度限制设置为路网中最远两点之间的距离时,基于运输模式 Ⅲ 建立的模型在求解时效方面强于基于运输模式 Ⅰ 和 Ⅱ 建立的模型。此外,下面中的动态调度问题采用的实质上是运输模式 Ⅱ 的一种变型。因此,基于运输模式 Ⅱ 的调度方案在此不再进行讨论。

6.2.3 静态网约车调度算法及计算结果

1. 算法选择及参数设置

根据第 4 章和第 5 章的研究可知 OPDPST 中的运输模式 Ⅲ 即为模型 Ⅲ,OPDPST 的模型 Ⅲ 即为基于连通图路径 OPDPST(OPDPSTCP)的模型,根据 OPDPSTCP 模型可知:

如将模型中 $ct_{i,j}$ 的参数值全部按照不同 PD-pair 不能共乘车辆设定(可乘坐同一辆车,但不能同时乘坐同一辆车且同一辆车不能重复访问同一站点)或设置为 0(不能乘坐同一辆车),进而采用 OPDPSTCP 模型及算法快速求解,则计算所得为不允许拼车静态网约车调度方案。通过上述两种方法设置运输模式 Ⅲ 中的 $ct_{i,j}$,所得方案基本等效于采用运输模式 Ⅰ 所得方案。本书拟采用第一种不能共乘车辆的方案设置 $ct_{i,j}$,因为对于本案例这种较短时间段的静态场景,采用运输模式 Ⅰ 得到的方案中车辆重复访问同一点的概率较小,即可以通过合理设置 $ct_{i,j}$ 的取值方法使得采用运输模式 Ⅲ 所得方案与采用运输模式 Ⅰ 所得方案基本接近,进而使得不允许拼车静态网约车调度方案也可以采用 OPDPSTCP 模型及算法快速求解。

如模型中 $ct_{i,j}$ 的参数值按照第 3.4.3 节中运输模式 Ⅲ 对应的方法设定(能同时乘坐同一辆车),进而采用 OPDPSTCP 模型及算法快速求解,则计算所得为允许拼车静态网约车调度方案。

根据第 5.4 节算例计算结果及分析可知,对于较大规模路网和需求

第 6 章　基于 OPDPST 理论的网约车调度问题仿真研究

数量的 OPDPSTCP 算例，MS_VND 在求解质量和时效性方面均要优于 MS_VNS 和传统的 VND、VNS。因此，本章案例采用 MS_VND 进行求解，其中核心算法中的 n，T_0，K，p_k，pm 与第 5 章算例相同，如表 5-6 所示。计算终止条件根据案例实时性要求修改为计算时间满 200 s 算法终止，对应算法 5-4 中第 2 行、第 22 行和第 33 行的 *constant* 和 *constant_T* 相应改为算法实时耗费时间和算法终止时间（200 s）。

2. 计算结果数据

案例详细的计算结果数据可见附录 E 中的静态网约车调度方案优化结果。

3. 结果分析

经核算总收益发现，采用允许拼车静态网约车调度方案得到的系统总收益为 1 364.4 元，高于不允许拼车静态网约车调度方案的 1 316.6 元。其中，网约车起步费用未纳入总收益。

表 6-1 列出了静态网约车调度案例的路网属性和计算结果主要数据。

表 6-1　静态网约车调度案例的路网属性和计算结果主要数据

属性	计算结果	
	不允许拼车静态网约车调度方案	允许拼车静态网约车调度方案
路网节点数/个	108	108
节点辐射半径/m	300	300
需求数/个	360	360
车辆数/辆	200	200
单位运输收入/（元/km）	2.0	2.0
单位运输成本/（元/km）	0.7	0.7
停站折算成本/（元/km）	0.7	0.7
计算时间/s	200	200
运输模式	运输模式 I	运输模式 III
计划服务需求数/个	360	360

续表

属性	计算结果	
	不允许拼车静态网约车调度方案	允许拼车静态网约车调度方案
未服务需求数/个	0	0
用车数/辆	198	177
运输距离/km	356.7	293.5
总收益/元	1 316.6	1 364.4

上述案例中车辆的数量充足，不允许拼车和允许拼车两种静态网约车调度方案中的所有需求均获得了运输服务，两种方案承担的运输任务相同。因此，除可以对两种方案的系统总收益进行对比之外，还可以就以上两种方案的车流热图进行对比，以分析两种方案对城市路网交通的影响。

图6-2是采用不允许拼车静态网约车调度方案所形成的路网网约车车流热图，图6-3是采用允许拼车静态网约车调度方案所形成的路网网约车车流热图。图中的线越粗表示网约车车流强度越大。

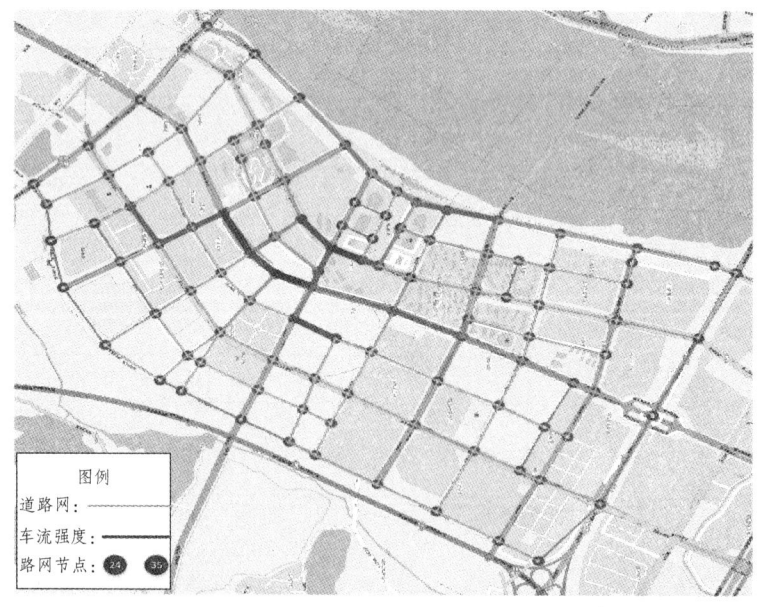

图6-2 不允许拼车的静态网约车调度方案网约车车流热图

第 6 章　基于 OPDPST 理论的网约车调度问题仿真研究

图 6-3　允许拼车的静态网约车调度方案网约车车流热图

综上可知：

（1）如能在可接受的时间内获得网约车的合理调度方案，与不允许拼车静态网约车调度方式相比，允许拼车静态网约车调度方式能获得具有更大系统总收益的方案，且完成同样数量 PD-pair 运输任务所用的车辆数量更少（表 6-1）。由此可见，允许拼车的方式有助于降低路网网约车车流强度，缓解城市交通压力，减少城市碳排放（图 6-2 和图 6-3）。

（2）结果再次验证了本书第 4.1.3 节中所分析的运输模式Ⅲ的解优于运输模式Ⅰ的结论，这与实际生活中允许拼车网约车调度方案要优于不允许拼车网约车调度方案的经验是一致的。算例采用 MS_VND 的计算效率较好，能在 200 s 内获得 360 个需求、200 辆车辆的大规模静态网约车调度问题较为满意的解。由此可见，基于运输模式Ⅲ的模型及其算法相关理论可应用于相类似的中大规模实际运输组织问题。

6.3 动态网约车调度案例验证

6.3.1 动态网约车调度案例描述

本节将截取某 10 个相邻子阶段路网数据（模拟生成 1 个初始子阶段和 9 个后续子阶段）测试基于连通图路径 OPDPST（OPDPSTCP）模型及其 MS_VND 算法在动态网约车路径规划实际应用领域的效果。本书"动态"主要是指每个子阶段需求和车辆相关信息的变化，包括：需求的产生和消失、需求和车辆位置的改变、车辆装载状态的变化等。

还以图 6-1 的路网为例，考虑 30 s 为一个后续静态子阶段的周期。在初始状态中，路网上有 360 个值为 1~4 的需求和 200 辆速度为 V=10 m/s 的网约车。在每个子阶段内随机生成 15~25 个值为 1~4 的需求，上一子阶段未被运送的需求随机流失 1/20。

在动态调度过程中，过长的线路运行方案最终被兑现的可能性较低，同时为保证计划的兑现率和旅客的出行体验，在每一个子阶段的网约车路线设置有运行距离上限和停站数上限，车辆沿着一个不重复访问站点的路径运行。现要求制定一个尽量好的动态网约车调度方案，在满足乘客需求的前提下实现系统收益最大化。

与上节静态调度案例相同，该问题寻求系统最优，其目标函数包括：乘客位移折算收益（2.0 元/km）；车辆运输成本（0.7 元/km）；车辆停站时间折算成本（0.7 元每千次）。网约车起步费用不纳入目标函数。

初始阶段算例数据和 6.2.1 节静态案例数据一致，详见附录 E 案例动态问题初始阶段数据。

6.3.2 动态网约车调度仿真流程

本节采用的动态仿真流程如下：
步骤 1：初始子阶段方案的生成及优化，n=1。

第 6 章 基于 OPDPST 理论的网约车调度问题仿真研究

步骤 2：n=n+1。第 n 子阶段路网数据更新，包括网约车的位置更新，已完成的运输需求的信息更新，在车上需求的起点更新，部分未被安排需求的流失，新增需求的产生。

步骤 3：第 n 子阶段方案的优化。如 n<10，转步骤 2。

步骤 4：仿真结束。

1. 初始子阶段方案的生成及优化

采用第 6.2 节中的静态方法生成并优化初始子阶段的方案。

2. 各子阶段路网数据更新

在动态仿真的每一子阶段，网约车以一定的速度 V 运行，随着车辆位置的移动，不断有乘客上下车。在该子阶段结束时需进行如下数据更新：更新网约车位置；剔除已完成运输任务的需求，将其放入已被运输完成需求集合；在车上的需求起点统一更新为网约车即时位置，终点不变；将未被安排进方案而随机流失的需求剔除；随机生成部分新的运输需求，并将其放入未被安排需求的集合。

3. 各子阶段方案的优化

每一个新的子阶段的路网数据更新后，采用第 5 章 OPDPSTCP 模型及时效性较好的 MS_VND 进行描述和计算。但在求解的邻域变换过程中，要求上一阶段已安排好的网约车和需求的组合关系不能改变，仅对未被安排的需求进行邻域操作，即上一阶段已经安排了的计划不再改变。

此外，如需增加新计划，为不影响既有计划，将需求插入新路径时应对算法中的邻域变换方法做一些调整。

如图 6-4（a）所示，上一子阶段结束后车辆 k 要继续完成的路径任务为 $k—r_i—r_{i+1}$。在新的子阶段，新增了需求 $p_k—d_k$，如按照原来静态的算法可以将其加载到车辆 k 上，但在动态仿真过程中则不行。如若加载，则车辆 k 的路径任务变为 $k—p_k—r_i—d_k—r_{i+1}$，这将影响原有方案中其他需求既有的运输时间进度。反之，如图 6-4（b）所示则无影响。令 $l_{i,j}$ 为点 i 和 j 之间的距离，针对图 6-4 这一情形，算法中的新需求能否加载到车辆 k 应在原有判断依据的基础上增加：$l_{k,r_i} = l_{k,p_k} + l_{p_k,r_i}$。

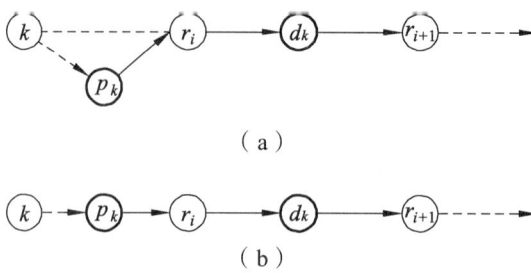

图 6-4 新增需求对车上其他需求的影响情形 Ⅰ

如图 6-5（a）所示，上一子阶段结束后车辆 k 要继续完成的路径任务为 $k — r_i — r_{i+1}$。在新的子阶段，新增了需求 $p_k — d_k$，如按照原来静态的算法可以将其加载到车辆 k 上，但在动态仿真过程中则不行。如若加载，则车辆 k 的路径任务变为 $k — p_k — d_k — r_i — r_{i+1}$，这会影响原有方案中其他需求既有的运输时间的运输进度。反之如图 6-5（b）所示，则无影响。同理，针对图 6-5 这一情形，算法中的新需求能否加载到车辆 k 应在原有判断依据的基础上增加：$l_{k,r_i} = l_{k,p_k} + l_{p_k,d_k} + l_{d_k,r_i}$。

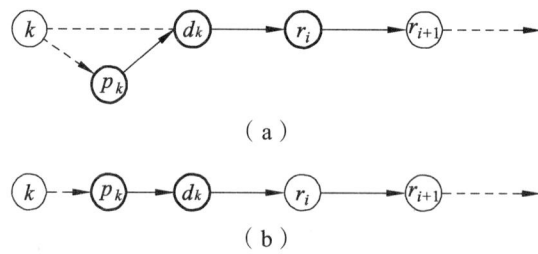

图 6-5 新增需求对车上其他需求的影响情形 Ⅱ

6.3.3 动态网约车调度拼车方案选择

本节同样拟从不允许拼车和允许拼车两个角度来编制动态网约车调度方案。

本节动态调度的每一个子阶段为一个静态调度问题，随着车辆在每一子阶段的运行，部分需求的属性会有更新。但在不允许拼车的网约车调度方案中，运输模式 Ⅰ 将一直保持一个接一个地依次完成需求的运输

第 6 章 基于 OPDPST 理论的网约车调度问题仿真研究

任务，运输模式不随需求变化而变化。与上节静态调度案例相同，模型中 $ct_{i,j}$ 的参数值全部按照不同 PD-pair 不能共乘车辆来设置（可乘坐同一辆车，但不能同时乘坐同一辆车且同一辆车辆不能重复访问同一站点）。因此，结合第 6.2.2 节分析易知，本节中的不允许拼车动态网约车调度方案基本可以看作运输模式 Ⅰ。

但在允许拼车动态网约车调度方案中，情况可能会有所不同。如图 6-6 所示，在子阶段 i，虽然 $ct_{s,t}=1$，但因为 $ct_{r,t}=0$，所以位置在点 1 的车辆 k 装载了需求 r（1—5）和 s（5—4）就不能再装载需求 t（7—3）了；在子阶段 $i+1$，车辆 k 运行至点 5，需求 r 的运输任务完成，需求 s，t 不变，此时 $ct_{s,t}=1$，两者可以组合并在路段 7—4 共乘车辆。其过程实质为：在阶段 i，需求 r（1—5）和 t（7—3）无法按照运输模式 Ⅲ 运输，因此先安排需求 r（1—5）和 s（5—4）的运输计划；当在子阶段 $i+1$ 需求 r（1—5）的运输任务完成后，网约车允许装载运输需求 t（7—3），实现需求 s（5—4）和 t（7—3）的组合运输方案。这种模式从子阶段 i 至 $i+1$ 的连续过程来看，本质上是运输模式 Ⅱ 的一种变型：即车辆无法采用运输模式 Ⅲ 直接将需求 r，s 和 t 组合起来运输，于是通过分阶段采用运输模式 Ⅲ 的方式对需求 r、s 和 t 进行运输，以上措施等效于采用运输模式 Ⅱ 直接将需求 r，s 和 t 组合起来进行了运输。

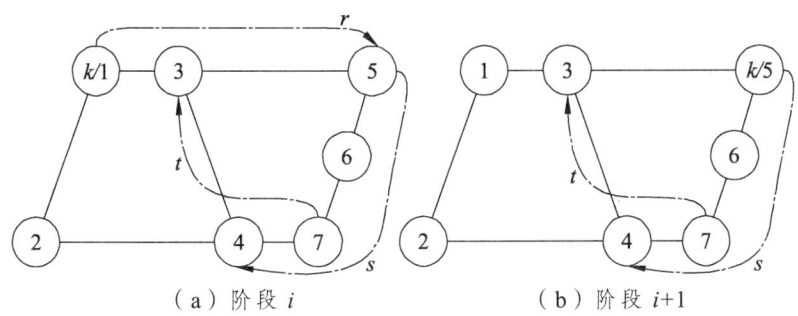

图 6-6 允许拼车动态网约车调度方案示例

综上可知：

（1）不允许拼车动态网约车调度方案基本可以看作运输模式 Ⅰ。

（2）从某一子阶段来看，允许拼车动态网约车调度方案采用的是运输模式Ⅲ。

（3）从连续的动态仿真过程来看，在允许拼车动态网约车调度方案中，部分网约车在有些时候采用的是运输模式Ⅱ的一种变型，即：在前一子阶段先按照运输模式Ⅲ进行运输，发现无效则根据仿真过程在后续的子阶段中有条件地转为运输模式Ⅰ。结合第 4.1.3 节的分析和第 4.2.3 节的计算结果可知，上述方式的求解效率应该介于运输模式Ⅲ和Ⅱ之间，解的质量略好于运输模式Ⅲ，时效性强于运输模式Ⅱ。

6.3.4 动态网约车调度算法及仿真结果

1. 算法选择及参数设置

本节拟改进采用第 5 章 OPDPSTCP 的模型及 MS_VND 算法，进行动态网约车调度过程中的子阶段静态调度问题的描述和优化计算。

结合 OPDPSTCP 的模型可知：如将模型中 $ct_{i,j}$ 的参数值全部按照 PD-pair 不能共乘车辆来设置（可乘坐同一辆车，但不能同时乘坐同一辆车且同一辆车不能重复访问站点）或设置为 0（不能乘坐同一辆车），进而采用 OPDPSTCP 模型及算法作为核心进行动态仿真，则仿真计算所得为不允许拼车动态网约车调度方案。通过上述两种方法设置运输模式Ⅲ中的 $ct_{i,j}$，所得方案基本等效于采用运输模式Ⅰ所得方案。本书拟采用第一种不能共乘车辆的方案设置 $ct_{i,j}$，因为对于本案例这种较短时间段的动态子阶段场景，采用运输模式Ⅰ得到的方案中车辆重复访问同一点的概率较小，即可以通过合理设置 $ct_{i,j}$ 的取值方法使得采用运输模式Ⅲ所得方案与采用运输模式Ⅰ所得方案基本接近，进而使得不允许拼车动态网约车调度方案也可以采用 OPDPSTCP 模型及算法作为核心进行动态仿真。

如模型中 $ct_{i,j}$ 的参数值按照第 3.4.3 节中运输模式Ⅲ对应的方法设定，进而采用 OPDPSTCP 模型及算法作为核心进行动态仿真，则计算所得为允许拼车动态网约车调度方案。

上述仿真过程的相关参数设置如表 6-2 所示,其中核心算法中的 n,T_0, K, p_k, pm 的设置与第 5 章表 5-6 相同。此外,系统初始子阶段的求解方法与第 6.2 节静态网约车调度案例相同,算法终止条件为计算时间满 200 s;系统后续动态仿真子阶段个数设置为 9 次(不含初始子阶段),子阶段算法终止时间为 30 s。在系统运算的同时,网约车按上一阶段所得方案运行,车速为 10 m/s。如车上无乘客则在当前点附近漫游,车辆即时位置视作不变。运行 30 s 后推荐新的调度方案,新方案中包含未执行完毕的上一子阶段老方案,优先确保老方案按原计划完成。

表 6-2 仿真过程相关参数设置

符号	定义	值
V	网约车车速/(m/s)	10
P	仿真子阶段个数/个	10
$Time_1$	系统初始阶段算法终止计算时间/s	200
$Time_2$	每个子阶段算法终止计算时间/s	30

2. 计算结果数据

案例详细计算结果数据可见附录 E 的动态网约车调度方案优化结果。数据中主要包括允许拼车/不允许拼车动态网约车调度方案下的车辆路径、总需求、已经完成需求和计划中需求。其车辆路径格式样例如下:

610 000-80 001-61-64-72-80-79-80 002-78-77-76-75-80 003-84-840 000-80 004-830 000-94。

其中 10 000 的整数倍为车辆位置信息,该值除以 10 000 即为车辆清空任务所在位置,如 610 000 为车辆初始位置 61,又如 840 000 表示车辆在 84 点清空;小于 10 000 的数字为有取送需求的计划停站点,如 72 为有取送计划的停站点;8000× 为子阶段标记,不是路网上的点,如 80 002 为第 2 子阶段的划分节点,该点前面的数字 79 为该子阶段结束时车辆的位置。此外,84-840 000-80 004 意味着车辆在第 4 个子阶段时到达了第 84 点且在该点清空任务；79-80 002 意味着车辆在第 2 个子阶段时到达了第 79 点，但车辆未清空任务。

总需求和计划中需求格式：[1, 15, 1, 4, 518.8, 15]。第 1、2 位表示需求起止点；第 3 位表示每一子阶段安排的路径编号，0 表示未安排；第 4 位为需求量；第 5 位为需求起止点间距离；第 6 位为需求编号。

已完成需求前 6 位数值含义和前面两种需求一样。第 7 位为运送车辆编号；第 8 位表示运输完成的子阶段。如[2, 21, 3, 3, 632.5, 87, 16, 3]。

各路径的车辆安排方案见附录 E 中的路径-车辆配对矩阵 $[rv_{i,j}]$，其中 i 为路径，j 为车辆。

3. 结果分析

系统初始乘客需求数为 360 单，经 10 个子阶段仿真，最终新生成 91 单需求，总计需求数 451 单。不允许拼车动态网约车调度方案完成服务的需求 357 单，已做计划需求 2 单，待计划需求 67 单，流失需求 25 单；允许拼车动态网约车调度方案最终完成服务的需求 406 单，已做计划需求 16 单，待计划需求 13 单，流失需求 16 单。经核算总收益发现，采用允许拼车动态网约车调度方案得到的总收益为 1 639.7 元，高于不允许拼车动态网约车调度方案的 1 351.5 元。其中，网约车起步费用未纳入系统总收益。此外，仿真截止时允许拼车方案待做计划需求数少于不允许拼车方案，进一步说明允许拼车使乘客更容易获得网约车的服务，这点与实际经验是一致的。

表 6-3 列出了动态网约车调度案例路网属性和计算结果的主要数据。

表 6-3 动态调度案例的路网属性和计算结果主要数据

属性	计算结果	
	不允许拼车动态网约车调度方案	允许拼车动态网约车调度方案
路网节点数/个	108	108
节点辐射半径/m	300	300

续表

属性	计算结果	
	不允许拼车动态网约车调度方案	允许拼车动态网约车调度方案
初始需求数/个	360	360
新增需求数/个	91	91
车辆数/辆	200	200
单位运输收入/(元/km)	2.0	2.0
单位运输成本/(元/km)	0.7	0.7
停站折算成本/(元每千次)	0.7	0.7
初始阶段计算时间/s	200	200
子阶段计算时间/s	30	30
运输模式	运输模式Ⅰ	运输模式Ⅲ
完成服务需求数/个	357	406
已做计划需求数/个	2	16
待做计划需求数/个	67	13
流失需求数/个	25	16
用车数/辆	200	200
总里程/km	320.6	360.1
总收益/元	1 351.5	1 639.7

与第6.2节静态网约车调度案例不同，本节动态网约车调度案例中的车辆数量不足，出现需求未被服务甚至流失的情形，使得不允许拼车和允许拼车两种方案最终所运输的需求数量并不相同。因此，本节案例中的两种方案没有进行路网网约车车流热图对比的必要。

综上可见：

（1）在允许拼车动态网约车调度方案中，大部分乘客需求均及时得到了满足（完成406单，计划16单），远高于不允许拼车动态网约车调度方案(完成357单,计划2单),说明允许拼车动态网约车调度方案使乘客更容易获得网约车的服务。此外,在不拼车动态网约车调度方案中,截至第10个子阶段结束,等待服务的需求比例相对较高,如仿真继续,预计流失的需求数量将较快增长。

(2)与静态案例结果相同,采用允许拼车动态网约车调度方案时,系统的收益相对较高。

(3)结果再次验证了本书第4.1.3节所分析的运输模式Ⅱ和Ⅲ的解优于运输模式Ⅰ的结论,其计算效率也较好。由此可见,基于运输模式Ⅱ和Ⅲ的理论可用于求解相类似的实际运输组织问题。

6.4 小 结

本章总结了网约车调度问题的应用背景和待深入研究的问题,首先结合需求按最短路运输的一对一取送路径问题(OPDPST)分析了其运输组织模式的特点和线路优化需考虑的目标和约束条件。进而结合基于连通图路径OPDPST(OPDPSTCP)模型及其算法相关理论成果,采用先拼车后上车的方式对某城市核心区某一阶段静态网约车调度案例进行了求解。然后,针对动态网约车调度案例建立了一个动态调度仿真环境,在该环境中设置了10个仿真静态子阶段(含1个初始子阶段和9个后续子阶段),考虑了车辆随时间按计划方案运行而改变位置,乘客需求随机产生和消失等情形,通过改造静态路径规划算法分阶段逐步仿真求解了动态车辆路径方案。

经采用允许拼车和不允许拼车两种运输模式对比计算发现,对于一个拥有108个核心路网节点,360单乘客需求和200辆车的静态案例,算法可在200 s之内得出一个比较好的方案。对于一个拥有108个核心路网节点,451单乘客需求和200辆车的动态仿真案例,算法在每个后续子阶段设置的30 s内均得到了较为满意的方案,且客户流失比例均不高。案例结果表明:允许拼车的方案可以获得更大的系统收益,也能使乘客更容易获得网约车服务；完成同样的运输任务，允许拼车的调度模式所带来的路网网约车车流密度比不允许拼车模式小。

以上案例结果验证了本书所研究的 OPDPST 相关理论在网约车调度领域应用的有效性。未来如在本章研究的基础上进一步结合具体应用背景和要求改造模型和算法，将有利于提高网约车调度系统收益和乘客出行体验水平。对满足乘客出行需求，减少城市道路车流量，缓解城市交通拥堵，降低交通碳排放量，实现交通的绿色可持续发展具有重要的意义。

第 7 章 OPDPST 的总结与展望

7.1 OPDPST 主要研究工作及贡献

本书研究了需求按最短路运输的一对一取送路径问题（OPDPST）。在该问题中，客户取送点的匹配关系是一一对应的，由于客户和运输者的偏好，每个客户需求要求按照最短路完成运输。在此基础上，为减少运行成本、固定成本和停站成本等运输成本，获得最大利润，需要做出合理的车辆路径规划决策。此问题是经典车辆路径问题（VRP）的一种衍生问题，普遍存在于网约车调度等工作之中。本书分别从相关文献综述、问题提出及特点分析、运输模式及路径结构研究、模型建立及求解算法设计和应用案例仿真等方面对此问题进行了研究。

本书的主要研究工作总结如下：

（1）取送路径问题（PDP）研究现状综述。

车辆路径问题（VRP）自 1959 年首次提出以来，因其在实践中的大量应用及研究的挑战性，吸引了来自应用数学、图论与网络分析、计算机科学、运筹学和运输优化等领域广大学者的高度关注，很快成为研究的热门问题，形成了一系列较为丰硕的研究成果。近年来，随着计算机

第 7 章 OPDPST 的总结与展望

软、硬件技术的快速发展,许多学者对其衍生的理论和应用问题进行了深入广泛的研究,取得了很多新的成果。

本书首先对带取送作业的 VPR(VRPPD)进行了综述,该问题一般也称为取送路径问题(PDP)。分析了 VRP 和 PDP 的一般特性和分类,总结了 PDP 的研究现状和常用求解方法。主要综述结论包括:既有 PDP 的研究基本基于完全图展开,在车辆路径结构方面的主要要求为先访问取点后访问送点;国内对于 PDP 的研究相对较少;目前 PDP 的研究大都是针对特定问题展开;求解 PDP 较好的解所需的计算时间比较长;作为 PDP 的一种子类问题,一对一取送路径问题(OPDP)在路网交通运输组织问题中具有较高的应用价值,值得结合各种实际应用需要进一步研究;本书研究的需求按最短路运输的一对一取送路径问题(OPDPST)是一种取送作业发生在客户点之间的车辆路径问题,经文献检索,目前尚未发现其他直接关于此类问题的研究成果。

(2)需求按最短路运输的一对一取送路径问题(OPDPST)的提出及其路径结构研究。

本书基于网约车调度等实际应用问题,提出了一种新的 OPDPST。经对比分析 OPDPST 与传统 OPDP 路径结构的区别,针对在 OPDPST 中需求要求按最短路运输特点,结合现实应用中存在的 3 种运输模式(运输模式 I:依次运送 PD-pair 的 One-by-one 模式,运输模式 II:运输模式 I 和 III 混合选用的 Hybrid 模式,运输模式 III:允许 PD-pair 共乘车辆且车辆按实际连通图中的路径运行的 Path 模式),提出了一种新的基于 PD-pair 间和 PD-pair 与车辆间连接关系的路径表示方法及构造规则。该方法可以更好地描述需求按最短路运输这一客户要求,为该问题的后续建模及算法设计提供理论基础。

(3)各类需求按最短路运输的一对一取送路径问题(OPDPST)模型的建立、求解研究及应用前景分析。

本书采用基于 PD-pair 间和 PD-pair 与车辆间连接关系的模型表示方法,结合 3 种不同运输模式的选择整合建立了适应 3 种不同类型

OPDPST 的综合模型，并采用 Gurobi 精确求解对比了各种模型小、中、大不同路网规模算例的求解结果。经对比分析计算结果发现，在车辆数量充足（不少于客户数 1/3）或车辆运输距离上限不太长的情况下，选用运输模式Ⅲ建立的模型能在大幅少于另外两种模型的计算时间内求得和另外两种模型相近的解，这对于大规模的实时动态运输组织问题具有重要的价值。最后，结合模型特征和计算结果对以上 3 种模型解空间维数、求解时间和解质量的特征和差异进行了比较分析，进而分析了其应用前景。

（4）基于连通图路径 OPDPST（OPDPSTCP）的建模、路径结构可行理论和算法研究。

本书首先结合实际路网连通图的特点，在需求按最短路运输的一对一取送路径问题（OPDPST）模型Ⅲ的基础上改造建立了 OPDPSTCP 的模型。为快速求解现实中较大规模的 OPDPSTCP 实际应用问题，基于其模型特征提出了路径结构可行概念，研究了路径结构可行判断矩阵演变理论及方法作为提高启发式算法的求解效率和速度的理论基础。然后设计了一种节约值算法来构建初始解。继而针对 OPDPSTCP 中需求按最短路运输的要求和路径结构特征，提出了 5 种新的邻域变换方法和对应的 3 类路径构造方法。进而在传统变邻域下降算法（VND）和变邻域搜索算法（VNS）的基础上设计了一种新的多起点 VND（MS_VND）和一种新的多起点 VNS（MS_VNS）来求解该问题。为验证 MS_VND 和 MS_VNS 的计算效果，生成了小、中、大不同路网规模的算例并采用 Gurobi、VND、VNS、MS_VND 和 MS_VNS 进行了求解效率的比较。计算结果表明，在以上 5 种方法之中，本书所提出的 MS_VND 能够在较短时间内求得较大规模问题较高质量的解，验证了本书所提出的路径结构可行理论对算法效率的提升效果。

（5）基于需求按最短路运输的一对一取送路径问题（OPDPST）理论的网约车调度问题仿真研究。

为验证理论研究成果，首先总结了网约车调度问题的应用背景和现状,并结合需求按最短路运输的一对一取送路径问题(OPDPST)分析了其运输组织模式的特点和线路优化需考虑的目标和约束条件。继而采用先拼车后上车的方式结合基于连通图路径 OPDPST(OPDPSTCP)模型及其算法相关理论成果,对某城市核心区某一阶段静态网约车调度案例进行了求解,经采用允许拼车和不允许拼车两种方案对比计算发现,对于一个拥有 108 个核心路网节点、360 单乘客需求和 200 辆车的案例,算法可在 200 s 内得出一个比较好的方案。进而建立了一个动态网约车调度仿真环境,在该环境中设置了 1 个初始子阶段和 9 个后续静态子阶段,考虑了车辆随时间按计划运行而改变位置,乘客需求随机产生和消失等情形,通过改造静态路径规划算法分阶段逐步仿真求解了动态网约车调度问题的车辆路径方案。动态仿真系统初始乘客需求为360单,经 10 个子阶段仿真,最终生成 91 单乘客需求,总计 451 单乘客需求,算法在每个后续子阶段设置的 30 s 内均得到了较为满意的方案,两种方案中的客户的流失比例均不多。案例验证表明:允许拼车的调度方案可以在获得更大系统收益的同时使乘客更容易获得网约车服务;对于完成同样的运输任务,允许拼车的调度方案给路网带来的网约车车流密度小于不允许拼车的调度方案。结果验证了本书提出的 OPDPST 相关理论在该应用领域的有效性,对减少城市道路车流量,缓解城市交通拥堵有着积极的作用,对降低碳排放量,实现交通的绿色可持续发展具有重要的意义。

综上,本书主要贡献包括:

(1)提出了一种新的需求按最短路运输的一对一取送路径问题(OPDPST)并研究了其有别于传统 PDP 的路径结构,提供了 PDP 相关问题的一种新的理论研究角度。

(2)基于一种新的需求、车辆间连接关系表示方法建立了 OPDPST 的综合模型,并对其精确算法的求解时间、解的质量和应用前景进行了研究与分析,提供了 PDP 相关问题的一种新的建模和算法编码方式。

(3)对一种新的基于连通图路径 OPDPST(OPDPSTCP)的模型、路径可行理论及算法进行了研究,为相关实际应用问题的建模、求解提供了理论参考和支持。

（4）探求将 OPDPST 相关理论应用于网约车调度问题，取得了较好的效果。

7.2　对 OPDPST 的展望

近年来，关于一对一取送路径问题（OPDP）的研究成果逐步增加，本书在此基础上结合相关应用中存在的需求需按最短路运输的要求，提出并研究了需求按最短路运输的一对一取送路径问题（OPDPST）这一OPDP 的变型问题，形成了 OPDPST 模型和算法的相关理论成果，并进行了案例验证，获得了较为满意的效果，表明了该理论潜在的实际应用价值较大。但循着本书的研究方向，未来还有一些问题值得进一步研究：

（1）基于对本书所关注的主要应用背景和对应新问题顺利开展研究的需要，本书所涉及的连通图中的任意两个节点之间只有一条最短路径且最短路固定不变。但在某些实际路网中，两个节点之间可能会有多于一条的最短路，且最短路可能会随着方案的变化而变化，该背景下的 OPDPST 有待进一步研究。

（2）算法效率的进一步提高。

本书中求解基于连通图路径 OPDPST（OPDPSTCP）的算法框架主要基于传统变邻域下降算法（VND）和变邻域搜索算法（VNS）的结构改进而来，在未来的研究中还可以尝试与其他启发式算法思路相结合以进一步提高算法效率。

在本书设计的求解算法中考虑了 5 种邻域变换方法，并采用了路径结构可行策略来提升邻域变换成功率。由于 OPDPSTCP 解的结构比较特殊，未来还可以从邻域变换过程中装载能力可行等角度展开研究，进一步提高算法效率。

此外，本书仅就 OPDPSTCP 的启发式算法进行了研究，未来还有必要根据实际应用需要对其他通用 OPDPST 的启发式算法进行深入研究。

（3）动态 OPDPST 的深入研究。

本书仅进行了动态 OPDPST 的初步研究，在仿真过程中路网属性的变化设置比较简单，未来可根据应用场景在动态 OPDPST 的实例研究过程中充分考虑路网属性的时变性等特征。

（4）基于不同应用场景的各类 OPDPST 变型问题研究。

其他一些基于不同应用场景的 OPDPST 变形问题，如带时间窗的 OPDPST 和需求可拆分的 OPDPST 等问题在网约车调度和路网型高速铁路旅客列车开行方案编制等公共交通运输组织领域中有较大的应用前景，未来值得深入研究。尤其对于路网型高速铁路旅客列车开行方案编制问题，因其涉及因素较多，未来可考虑结合本书理论思路进行拓展研究。

参考文献

[1] PINSON C, AFSAR H M, PRODHON C. Heuristic approaches to solve a generalized dial-a-ride problem applied to car-pooling[J]. IFAC-PapersOnLine, 2016, 49(12): 1187-1191.

[2] Fischedick, Manfred, Roy, et al. Climate change 2014: mitigation of climate change. Contribution of working group Ⅲ to the fifth assessment report of the intergovernmental panel on climate change[R]. New York: Cambridge University Press, 2015.

[3] EGGERS W D, MACMILLAN P. Why governments should get behind ridesharing[M]. The Solution Revolution. Boston: Harvard Business Review Press, 2013: 169-200.

[4] FURUHATA M, DESSOUKY M, ORDÓÑEZ F, et al. Ridesharing: the state-of-the-art and future directions[J]. Transportation Research Part B: Methodological, 2013, 57: 28-46.

[5] AGATZ N, ERERA A, SAVELSBERGH M, et al. Optimization for dynamic ride-sharing: a review[J]. European Journal of Operational Research, 2012, 223(2): 295-303.

[6] MAHMOUDI M, ZHOU X. Finding optimal solutions for vehicle routing problem with pickup and delivery services with time windows: a dynamic programming approach based on state-space-time network representations[J]. Transportation Research Part B: Methodological, 2016, 89: 19-42.

[7] WANG X, DESSOUKY M, ORDONEZ F. A pickup and delivery problem for ridesharing considering congestion[J]. Transportation Letters, 2016, 8(5): 259-269.

[8] DANTZIG G B, RAMSER J H. The truck dispatching problem[J]. Management Science, 1959, 6（1）: 80-91.

[9] 潘立军. 带时间窗车辆路径问题及其算法研究[D]. 长沙: 中南大学, 2012.

[10] LIN C, CHOY K L, HO G T S, et al. Survey of green vehicle routing problem: past and future trends[J]. Expert Systems with Applications, 2014, 41（4）: 1118-1138.

[11] LAHYANI R, KHEMAKHEM M, SEMET F. Rich vehicle routing problems: from a taxonomy to a definition[J]. European Journal of Operational Research, 2015, 241（1）: 1-14.

[12] BRAEKERS K, RAMAEKERS K, VAN NIEUWENHUYSE I. The vehicle routing problem: state of the art classification and review[J]. Computers & Industrial Engineering, 2016, 99: 300-313.

[13] 王超. 装载与车辆路径联合多目标优化问题研究[D]. 大连: 大连理工大学, 2016.

[14] DONDO R, CERDÁ J. A cluster-based optimization approach for the multi-depot heterogeneous fleet vehicle routing problem with time windows[J]. European Journal of Operational Research, 2007, 176（3）: 1478-1507.

[15] MONTOYA-TORRES J R, LÓPEZ FRANCO J, NIETO ISAZA S, et al. A literature review on the vehicle routing problem with multiple depots[J]. Computers & Industrial Engineering, 2015, 79: 115-129.

[16] KARAKATIČ S, PODGORELEC V. A survey of genetic algorithms for solving multi depot vehicle routing problem[J]. Applied Soft Computing, 2015, 27: 519-532.

[17] ŞEVKLI A Z, GÜLER B. A multi-phase oscillated variable neighbourhood search algorithm for a real-world open vehicle routing problem[J]. Applied Soft Computing, 2017, 58: 128-144.

[18] MARINAKIS Y, MARINAKI M. A bumble bees mating optimization algorithm for the open vehicle routing problem[J]. Swarm and Evolutionary Computation, 2014, 15: 80-94.

[19] NOROUZI N, TAVAKKOLI-MOGHADDAM R, GHAZANFARI M, et al. A new multi-objective competitive open vehicle routing problem solved by particle swarm optimization[J]. Networks and Spatial Economics, 2012, 12(4): 609-633.

[20] MIRHASSANI S A, ABOLGHASEMI N. A particle swarm optimization algorithm for open vehicle routing problem[J]. Expert Systems with Applications, 2011, 38(9): 11547-11551.

[21] LI F, GOLDEN B, WASIL E. The open vehicle routing problem: algorithms, large-scale test problems, and computational results[J]. Computers & Operations Research, 2007, 34(10): 2918-2930.

[22] FU Z, EGLESE R, LI L. A new tabu search heuristic for the open vehicle routing problem[J]. Journal of the Operational Research Society, 2005, 56: 267-274.

[23] MATEI O, POP P C, SAS J L, et al. An improved immigration memetic algorithm for solving the heterogeneous fixed fleet vehicle routing problem[J]. Neurocomputing, 2015, 150: 58-66.

[24] LIU S, HUANG W, MA H. An effective genetic algorithm for the fleet size and mix vehicle routing problems[J]. Transportation Research Part E: Logistics and Transportation Review, 2009, 45(3): 434-445.

[25] BELFIORE P, YOSHIZAKI H T Y. Heuristic methods for the fleet size and mix vehicle routing problem with time windows and split deliveries[J]. Computers & Industrial Engineering, 2013, 64(2): 589-601.

[26] SALHI S, WASSAN N, HAJARAT M. The fleet size and mix vehicle routing problem with backhauls: Formulation and set partitioning-based heuristics[J]. Transportation Research Part E: Logistics and Transportation Review, 2013, 56: 22-35.

[27] DAYARIAN I, CRAINIC T G, GENDREAU M, et al. A column generation approach for a multi-attribute vehicle routing problem[J]. European Journal of Operational Research, 2015, 241 (3): 888-906.

[28] KOÇ Ç, BEKTAŞ T, JABALI O, et al. Thirty years of heterogeneous vehicle routing[J]. European Journal of Operational Research, 2016, 249 (1): 1-21.

[29] KOURANK BEHESHTI A, HEJAZI S R. A novel hybrid column generation- metaheuristic approach for the vehicle routing problem with general soft time window[J]. Information Sciences, 2015, 316: 598-615.

[30] BELHAIZA S, HANSEN P, LAPORTE G. A hybrid variable neighborhood tabu search heuristic for the vehicle routing problem with multiple time windows[J]. Computers & Operations Research, 2014, 52: 269-281.

[31] FAVARETTO D, MORETTI E, PELLEGRINI P. Ant colony system for a VRP with multiple time windows and multiple visits[J]. 2007, 2 (10): 263-284.

[32] HERNANDEZ F, GENDREAU M, POTVIN J. Heuristics for tactical time slot management: A periodic vehicle routing problem view[J]. International Transactions in Operational Research, 2017, 24 (6): 1233-1252.

[33] PILLAC V, GENDREAU M, GUÉRET C, et al. A review of dynamic vehicle routing problems[J]. European Journal of Operational Research, 2013, 225 (1): 1-11.

[34] 饶卫振. 大规模动态车辆路径问题优化方法研究[D]. 大连：大连理工大学，2012.

[35] 朱琳. 大规模车辆路径问题的优化方法研究[D]. 天津：天津大学，2014.

[36] 李妍峰. 时变网络环境下车辆调度问题研究[D]. 成都：西南交通大学，2008.

[37] 马祖军，胡萍. 实时/时变路网环境下城市出救点选择与救援车辆路径的集成动态优化[J]. 管理工程学报，2014（4）：165-172.

[38] MANCINI S. Time dependent travel speed vehicle routing and scheduling on a real road network: The case of torino[J]. Transportation Research Procedia，2014，3：433-441.

[39] MONTERO A，MÉNDEZ-DÍAZ I，MIRANDA-BRONT J J. An integer programming approach for the time-dependent traveling salesman problem with time windows[J]. Computers & Operations Research，2017，88：280-289.

[40] AFSHAR-NADJAFI B，AFSHAR-NADJAFI A. A constructive heuristic for time- dependent multi-depot vehicle routing problem with time-windows and heterogeneous fleet[J]. Journal of King Saud University - Engineering Sciences，2017，29（1）：29-34.

[41] SOYSAL M，ÇIMEN M. A simulation based restricted dynamic programming approach for the green time dependent vehicle routing problem[J]. Computers & Operations Research，2017，88：297-305.

[42] ÇIMEN M，SOYSAL M. Time-dependent green vehicle routing problem with stochastic vehicle speeds: An approximate dynamic programming algorithm[J]. Transportation Research Part D: Transport and Environment，2017，54：82-98.

[43] CHEANG B，GAO X，LIM A，et al. Multiple pickup and delivery traveling salesman problem with last-in-first-out loading and distance

constraints[J]. European Journal of Operational Research，2012，223
（1）：60-75.

[44] LIN S，BARD J F，JARRAH A I，et al. Route design for last-in，first-out deliveries with backhauling[J]. Transportation Research Part C：Emerging Technologies，2017，76：90-117.

[45] DOMINGUEZ O，GUIMARANS D，JUAN A A，et al. A biased-randomised large neighbourhood search for the two-dimensional vehicle routing problem with backhauls[J]. European Journal of Operational Research，2016，255（2）：442- 462.

[46] MÄNNEL D，BORTFELDT A. A hybrid algorithm for the vehicle routing problem with pickup and delivery and three-dimensional loading constraints[J]. European Journal of Operational Research，2016，254（3）：840-858.

[47] MÄNNEL D，BORTFELDT A. Solving the pickup and delivery problem with three-dimensional loading constraints and reloading ban[J]. European Journal of Operational Research，2018，264（1）：119-137.

[48] 阮清方. 考虑装卸策略的带取送车辆路径优化问题研究[D]. 北京：清华大学，2012.

[49] DROR M，TRUDEAUF P. Savings by split delivery routing[J]. Transportation Science，1989，23（2）：141-145.

[50] 刘新宇，符卓，邱萌. 需求可拆分车辆路径问题研究——文献综述[J]. 技术经济，2017，36（1）：96-109.

[51] 韩娟娟，李永先. 动态车辆路径问题研究综述[J]. 绿色科技，2015（5）：285-288.

[52] 张梦颖. 不确定因素下路径规划问题研究[D]. 合肥：中国科学技术大学，2016.

[53] ZHANG T, CHAOVALITWONGSE W A, ZHANG Y. Scatter search for the stochastic travel-time vehicle routing problem with simultaneous pick-ups and deliveries[J]. Computers and Operations Research, 2012, 39 (10): 2277-2290.

[54] MIRANDA D M, CONCEIÇÃO S V. The vehicle routing problem with hard time windows and stochastic travel and service time[J]. Expert Systems with Applications, 2016, 64: 104-116.

[55] LUO Z, QIN H, ZHANG D, et al. Adaptive large neighborhood search heuristics for the vehicle routing problem with stochastic demands and weight-related cost[J]. Transportation Research Part E: Logistics and Transportation Review, 2016, 85: 69-89.

[56] ZARE MEHRJERDI Y, NADIZADEH A. Using greedy clustering method to solve capacitated location-routing problem with fuzzy demands[J]. European Journal of Operational Research, 2013, 229 (1): 75-84.

[57] TANG J, PAN Z, FUNG R Y K, et al. Vehicle routing problem with fuzzy time windows[J]. Fuzzy Sets and Systems, 2009, 160 (5): 683-695.

[58] MIN H. The multiple vehicle routing problem with simultaneous delivery and pick-up points[J]. Transportation Research, 1989, 23(5): 377-386.

[59] BERBEGLIA G, CORDEAU J, GRIBKOVSKAIA I, et al. Static pickup and delivery problems: a classification scheme and survey[J]. TOP, 2007, 15 (1): 1-31.

[60] HERNÁNDEZ-PÉREZ H, RODRÍGUEZ-MARTÍN I, SALAZAR-GONZÁLEZ J. A hybrid heuristic approach for the multi-commodity pickup-and-delivery traveling salesman problem[J]. European Journal of Operational Research, 2016, 251 (1): 44-52.

[61] CHEN H, CHOU H, HSUEH C, et al. The paired many-to-many pickup and delivery problem: an application[J]. TOP, 2015, 23(1): 220-243.

[62] LI H, LV T, LI Y. The tractor and semitrailer routing problem with many-to-many demand considering carbon dioxide emissions[J]. Transpor- tation Research Part D: Transport and Environment, 2015, 34: 68-82.

[63] RIECK J, EHRENBERG C, ZIMMERMANN J. Many-to-many location-routing with inter-hub transport and multi-commodity pickup-and-delivery[J]. European Journal of Operational Research, 2014, 236(3): 863-878.

[64] GRIBKOVSKAIA I, HALSKAU Ø, LAPORTE G, et al. General solutions to the single vehicle routing problem with pickups and deliveries[J]. European Journal of Operational Research, 2007, 180(2): 568-584.

[65] EUCHI J, FRIFITA S. Hybrid metaheuristic to solve the "one-to-many-to-one" problem case of distribution of soft drink in Tunisia[J]. Management Decision, 2017, 55(1): 136-155.

[66] ZHU Z, XIAO J, HE S, et al. A multi-objective memetic algorithm based on locality-sensitive hashing for one-to-many-to-one dynamic pickup-and-delivery problem[J]. Information Sciences, 2016, 329: 73-89.

[67] BRANDÃO J. A new tabu search algorithm for the vehicle routing problem with backhauls[J]. European Journal of Operational Research, 2006, 173(2): 540-555.

[68] HOSNI H, NAOUM-SAWAYA J, ARTAIL H. The shared-taxi problem: formulation and solution methods[J]. Transportation Research Part B: Methodological, 2014, 70: 303-318.

[69] CORDEAU J, LAPORTE G. The dial-a-ride problem: models and algorithms[J]. Annals of Operations Research, 2007, 153 (1): 29-46.

[70] HO S C, SZETO W Y, KUO Y, et al. A survey of dial-a-ride problems: Literature review and recent developments[J]. Transportation Research Part B: Methodological, 2018, 111: 395-421.

[71] RODRIGUEZ-MARTIN I, JOSE SALAZAR-GONZALEZ J. A hybrid heuristic approach for the multi-commodity one-to-one pickup-and-delivery traveling salesman problem[J]. Journal of Heuristics, 2012, 18 (6): 849-867.

[72] ŞAHIN M, ÇAVUŞLAR G, ÖNCAN T, et al. An efficient heuristic for the multi-vehicle one-to-one pickup and delivery problem with split loads[J]. Transportation Research Part C: Emerging Technologies, 2013, 27: 169-188.

[73] HADDAD M N, MARTINELLI R, VIDAL T, et al. Large neighborhood-based metaheuristic and branch-and-price for the pickup and delivery problem with split loads[J]. European Journal of Operational Research, 2018, 270 (3): 1014-1027.

[74] SOYSAL M, ÇIMEN M, DEMIR E. On the mathematical modeling of green one-to-one pickup and delivery problem with road segmentation[J]. Journal of Cleaner Production, 2018, 174: 1664-1678.

[75] FACTOROVICH P, MÉNDEZ-DÍAZ I, ZABALA P. Pickup and delivery problem with incompatibility constraints[J]. Computers & Operations Research, 2020, 113: 104805.

[76] PARRAGH S N, DOERNER K F, HARTL R F. A survey on pickup and delivery problems Part Ⅰ: Transportation between customers and depot[J]. Journal für Betriebswirtschaft, 2008, 58 (1): 21-51.

[77] PARRAGH S N, DOERNER K F, HARTL R F. A survey on pickup and delivery problems Part Ⅱ: Transportation between pickup and delivery locations[J]. Journal für Betriebswirtschaft, 2008, 58(2): 81-117.

[78] 孙青伟, 张杨. 带同时取送货的选址-多车型路径问题研究[J]. 交通运输工程与信息学报, 2017(2): 100-104.

[79] 赵燕伟, 李文, 张景玲, 等. 多车型同时取送货问题的低碳路径研究[J]. 浙江工业大学学报, 2015(1): 18-23.

[80] 段凤华. 带碳费约束的同时取送车辆路径问题研究[J]. 湖南师范大学自然科学学报, 2015(3): 69-73.

[81] 柳毅, 余福茂, 俞武扬. 同时取送货车辆路径问题的改进人工鱼群算法[J]. 杭州电子科技大学学报, 2014(3): 34-37.

[82] 王超, 穆东. 基于模拟退火算法求解VRPSPDTW问题[J]. 系统仿真学报, 2014(11): 2618-2623.

[83] 王科峰, 叶春明, 李永林. 同时送取货车辆路径问题算法研究综述[J]. 计算机应用研究, 2013(2): 334-340.

[84] 张家善. 基于改进蚁群算法的物流配送车辆路径优化研究[D]. 阜新: 辽宁工程技术大学, 2014.

[85] BERBEGLIA G, CORDEAU J, GRIBKOVSKAIA I, et al. Static pickup and delivery problems: a classification scheme and survey[J]. TOP, 2007, 15(1): 1-31.

[86] AZADIAN F, MURAT A, CHINNAM R B. An unpaired pickup and delivery problem with time dependent assignment costs: application in air cargo transportation[J]. European Journal of Operational Research, 2017, 263(1): 188-202.

[87] AL CHAMI Z, MANIER H, MANIER M A. A lexicographic approach for the bi-objective selective pickup and delivery problem with time windows and paired demands[J]. Annals of Operations Research, 2019, 273(1): 237-255.

[88] 程谦, 张大力, 侯立文. 具有时间窗的取送货问题建模和大邻域搜索算法[J]. 哈尔滨商业大学学报（自然科学版）, 2016（6）: 734-739.

[89] PARRAGH S N, CORDEAU J, DOERNER K F, et al. Models and algorithms for the heterogeneous dial-a-ride problem with driver-related constraints[J]. OR Spectrum, 2012, 34（3）: 593-633.

[90] LIU F, GUI M, YI C, et al. A fast decomposition and reconstruction framework for the pickup and delivery problem with time windows and LIFO loading[J]. IEEE Access, 2019, 7: 71813-71826.

[91] BORTFELDT A, YI J. The split delivery vehicle routing problem with three-dimensional loading constraints[J]. European Journal of Operational Research, 2020, 282（2）: 545-558.

[92] GRANDINETTI L, GUERRIERO F, PEZZELLA F, et al. The multi-objective multi-vehicle pickup and delivery problem with time windows[J]. Procedia- Social and Behavioral Sciences, 2014, 111: 203-212.

[93] WANG H, CHEN Y. A genetic algorithm for the simultaneous delivery and pickup problems with time window[J]. Computers & Industrial Engineering, 2012, 62（1）: 84-95.

[94] NACCACHE S, CÔTÉ J, COELHO L C. The multi-pickup and delivery problem with time windows[J]. European Journal of Operational Research, 2018, 269（1）: 353-362.

[95] BETTINELLI A, CACCHIANI V, CRAINIC T G, et al. A branch-and-cut-and-price algorithm for the multi-trip separate pickup and delivery problem with time windows at customers and facilities[J]. European Journal of Operational Research, 2019, 279（3）: 824-839.

[96] LAGOS C, GUERRERO G, CABRERA E, et al. An improved particle swarm optimization algorithm for the VRP with simultaneous pickup

and delivery and time windows[J]. IEEE Latin America Transactions, 2018, 16 (6): 1732-1740.

[97] CURTOIS T, LANDA-SILVA D, QU Y, et al. Large neighbourhood search with adaptive guided ejection search for the pickup and delivery problem with time windows[J]. EURO Journal on Transportation and Logistics, 2018, 7 (2): 151-192.7

[98] KOCH H, BORTFELDT A, WÄSCHER G. A hybrid algorithm for the vehicle routing problem with backhauls, time windows and three-dimensional loading constraints[J]. OR Spectrum, 2018, 40 (4): 1029-1075.

[99] WANG Y, YUAN Y, GUAN X, et al. Collaborative mechanism for pickup and delivery problems with heterogeneous vehicles under time windows[J]. Sustainability, 2019, 11 (12): 3492.

[100] GRIMAULT A, BOSTEL N, LEHUÉDÉ F. An adaptive large neighborhood search for the full truckload pickup and delivery problem with resource synchronization[J]. Computers & Operations Research, 2017, 88: 1-14.

[101] LI Y, CHEN H, PRINS C. Adaptive large neighborhood search for the pickup and delivery problem with time windows, profits, and reserved requests[J]. European Journal of Operational Research, 2016, 252 (1): 27-38.

[102] QIU X, FEUERRIEGEL S, NEUMANN D. Making the most of fleets: a profit-maximizing multi-vehicle pickup and delivery selection problem[J]. European Journal of Operational Research, 2017, 259 (1): 155-168.

[103] NAGY G, SALHI S. Heuristic algorithms for single and multiple depot vehicle routing problems with pickups and deliveries[J]. European Journal of Operational Research, 2005, 162 (1): 126-141.

[104] LI J, PARDALOS P M, SUN H, et al. Iterated local search embedded adaptive neighborhood selection approach for the multi-depot vehicle routing problem with simultaneous deliveries and pickups[J]. Expert Systems with Applications, 2015, 42（7）: 3551-3561.

[105] VILLEGAS J G, PRINS C, PRODHON C, et al. GRASP/VND and multi-start evolutionary local search for the single truck and trailer routing problem with satellite depots[J]. Engineering Applications of Artificial Intelligence, 2010, 23（5）: 780-794.

[106] CASAZZA M, CESELLI A, WOLFLER CALVO R. A route decomposition approach for the single commodity split pickup and split delivery vehicle routing problem[J]. European Journal of Operational Research, 2021, 289（3）: 897-911.

[107] GU W, CATTARUZZA D, OGIER M, et al. Adaptive large neighborhood search for the commodity constrained split delivery VRP[J]. Computers & Operations Research, 2019, 112: 104761.

[108] CASAZZA M, CESELLI A, WOLFLER CALVO R. A branch and price approach for the split pickup and split delivery VRP[J]. Electronic Notes in Discrete Mathematics, 2018, 69: 189-196.

[109] GYÖRGYI P, KIS T. A probabilistic approach to pickup and delivery problems with time window uncertainty[J]. European Journal of Operational Research, 2019, 274（3）: 909-923.

[110] BERBEGLIA G, CORDEAU J, LAPORTE G. Dynamic pickup and delivery problems[J]. European Journal of Operational Research, 2010, 202（1）: 8-15.

[111] AZIEZ I, CÔTÉ J, COELHO L C. Exact algorithms for the multi-pickup and delivery problem with time windows[J]. European Journal of Operational Research, 2020, 284（3）: 906-919.

[112] CHERKESLY M, DESAULNIERS G, IRNICH S, et al. Branch-price-and-cut algorithms for the pickup and delivery problem with time windows and multiple stacks[J]. European Journal of Operational Research, 2016, 250 (3): 782-793.

[113] GSCHWIND T. A comparison of column-generation approaches to the synchronized pickup and delivery problem[J]. European Journal of Operational Research, 2015, 247 (1): 60-71.

[114] LIU M, LUO Z, LIM A. A branch-and-cut algorithm for a realistic dial-a-ride problem[J]. Transportation Research Part B: Methodological, 2015, 81: 267-288.

[115] MASSON R, ROPKE S, LEHUÉDÉ, et al. A branch-and-cut-and-price approach for the pickup and delivery problem with shuttle routes[J]. European Journal of Operational Research, 2014, 236(3): 849-862.

[116] BALDACCI R, BARTOLINI E, MINGOZZI A. An exact algorithm for the pickup and delivery problem with time windows[J]. Operations Research, 2011, 59 (2): 414-426.

[117] GUTIÉRREZ-JARPA G, DESAULNIERS G, LAPORTE G, et al. A branch-and-price algorithm for the vehicle routing problem with deliveries, selective pickups and time windows[J]. European Journal of Operational Research, 2010, 206 (2): 341-349.

[118] CORTÉS C E, MATAMALA M, CONTARDO C. The pickup and delivery problem with transfers: formulation and a branch-and-cut solution method[J]. European Journal of Operational Research, 2010, 200 (3): 711-724.

[119] MATTOS RIBEIRO G, LAPORTE G. An adaptive large neighborhood search heuristic for the cumulative capacitated vehicle routing problem[J]. Computers & Operations Research, 2012, 39 (3): 728-735.

[120] MA Y, LI Z, YAN F, et al. A hybrid priority-based genetic algorithm for simultaneous pickup and delivery problems in reverse logistics with time windows and multiple decision-makers[J]. Soft Computing, 2019, 23 (15): 6697-6714.

[121] DANLOUP N, ALLAOUI H, GONCALVES G. A comparison of two meta-heuristics for the pickup and delivery problem with transshipment[J]. Computers & Operations Research, 2018, 100: 155-171.

[122] GOEKE D. Granular tabu search for the pickup and delivery problem with time windows and electric vehicles[J]. European Journal of Operational Research, 2019, 278 (3): 821-836.

[123] KALAYCI C B, KAYA C. An ant colony system empowered variable neighborhood search algorithm for the vehicle routing problem with simultaneous pickup and delivery[J]. Expert Systems with Applications, 2016, 66 (30): 163-175.

[124] WANG C, MU D, ZHAO F, et al. A parallel simulated annealing method for the vehicle routing problem with simultaneous pickup-delivery and time windows[J]. Computers & Industrial Engineering, 2015, 83: 111-122.

[125] LAI M, CAO E. An improved differential evolution algorithm for vehicle routing problem with simultaneous pickups and deliveries and time windows[J]. Engineering Applications of Artificial Intelligence, 2010, 23 (2): 188-195.

[126] STEIN D M. Scheduling dial-a-ride transportation systems[J]. Transportation Science, 1978, 12 (3): 232-249.

[127] PSARAFTIS H N. A dynamic programming solution to the single vehicle many-to-many immediate request dial-a-ride problem[J]. Transportation Science, 1980, 14 (2): 130-154.

[128] CORDEAU J F O, LAPORTE G. The dial-a-ride problem: models and algorithms[J]. Annals of Operations Research, 2007, 153 (1): 29-46.

[129] CORDEAU J F. A branch-and-cut algorithm for the dial-a-ride problem[J]. Operations Research, 2006, 54 (3): 573-586.

[130] ROPKE S, CORDEAU J O, LAPORTE G. Models and branch-and-cut algorithms for pickup and delivery problems with time windows[J]. Networks, 2007, 49 (4): 258-272.

[131] CORDEAU J, LAPORTE G. A tabu search heuristic for the static multi-vehicle dial-a-ride problem[J]. Transportation Research Part B: Methodological, 2003, 37 (6): 579-594.

[132] BALDACCI R M V M. An exact method for the car pooling problem based on lagrangian column generation[J]. Operations Research, 2004, 52 (3): 422-439.

[133] ROPKE S, CORDEAU J, LAPORTE G. Models and branch-and-cut algorithms for pickup and delivery problems with time windows[J]. Networks, 2007, 49 (4): 258-272.

[134] PSARAFTIS H N. A dynamic programming solution to the single vehicle many-to-many immediate request dial-a-ride problem[J]. Transportation Science, 1980, 14 (2): 130-154.

[135] PSARAFTIS H N. An exact algorithm for the single vehicle many-to-many dial-a-ride problem with time windows[J]. Transportation Science, 1983, 17 (3): 351-357.

[136] ATTANASIO A, CORDEAU J, GHIANI G, et al. Parallel tabu search heuristics for the dynamic multi-vehicle dial-a-ride problem[J]. Parallel Computing, 2004, 30 (3): 377-387.

[137] JORGENSEN R M, LARSEN J, BERGVINSDOTTIR K B, et al. Solving the dial-a-ride problem using genetic algorithms[J]. Journal of the Operational Research Society, 2006 (58): 1321-1331.

[138] COSLOVICH L, PESENTI R, UKOVICH W. A two-phase insertion technique of unexpected customers for a dynamic dial-a-ride problem[J]. European Journal of Operational Research, 2006, 175(3): 1605-1615.

[139] PARRAGH S N, DOERNER K F, HARTL R F, et al. Variable neighborhood search for the dial-a-ride problem[J]. Computers and Operations Research, 2010, 33: 1129-1138.

[140] SCHILDE M, DOERNER K F, HARTL R F. Integrating stochastic time-dependent travel speed in solution methods for the dynamic dial-a-ride problem[J]. European Journal of Operational Research, 2014, 238 (1): 18-30.

[141] KIRCHLER D, CALVO R W. A granular tabu search algorithm for the dial-a-ride problem[J]. Transportation Research Part B, 2013, 56: 120-135.

[142] PAQUETTE J, CORDEAU J F, LAPORTE G, et al. Combining multicriteria analysis and tabu search for dial-a-ride problems[J]. Transportation Research Part B, 2013, 52: 1-16.

[143] XIANG Z, CHU C, CHEN H. A fast heuristic for solving a large-scale static dial-a-ride problem under complex constraints[J]. European Journal of Operational Research, 2006, 174 (2): 1117-1139.

[144] XIANG Z, CHU C, CHEN H. The study of a dynamic dial-a-ride problem under time-dependent and stochastic environments[J]. European Journal of Operational Research, 2008, 185 (2): 534-551.

[145] BEAUDRY A, LAPORTE G, MELO T, et al. Dynamic transportation of patients in hospitals[J]. OR Spectrum, 2010, 32 (1): 77-107.

[146] AGATZ N, ERERA A L, SAVELSBERGH M W P, et al. Dynamic ride-sharing: a simulation study in metro atlanta[J]. Transportation Research Part B Methodological, 2011, 17: 532-550.

[147] BERBEGLIA G, CORDEAU J, LAPORTE G. A hybrid tabu search and constraint programming algorithm for the dynamic dial-a-ride problem[J]. Informs Journal on Computing, 2012, 24（3）: 343-355.

[148] SANTOS D O, XAVIER E C. Taxi and ride sharing: A dynamic dial-a-ride problem with money as an incentive[J]. Expert Systems With Applications, 2015, 42（19）: 6728-6737.

[149] MA S, ZHENG Y, WOLFSON O. Real-time city-scale taxi ridesharing[J]. IEEE Transactions on Knowledge and Data Engineering, 2015, 27（7）: 1782-1795.

[150] HOSNI H, NAOUM-SAWAYA J, ARTAIL H. The shared-taxi problem: Formulation and solution methods[J]. Transportation Research Part B: Methodological, 2014, 70: 303-318.

[151] LIN Y, LI W, QIU F, et al. Research on optimization of vehicle routing problem for ride-sharing taxi[J]. Procedia-Social and Behavioral Sciences, 2012, 43: 494-502.

[152] 徐东洋. 网络中供需匹配与多批次取送货车辆路径问题研究[D]. 武汉: 华中科技大学, 2017.

[153] CORDEAU J F, LAPORTE G, ROPKE S. Recent models and algorithms for one-to-one pickup and delivery problems[M]. //GOLDEN B, RAGHAVAN S, WASIL E. The vehicle routing problem: latest advances and new challenges. New York: Springer, 2008: 327-357.

[154] HERNÁNDEZ-PÉREZ H, SALAZAR-GONZÁLEZ J. The multi-commodity one-to-one pickup-and-delivery traveling salesman problem[J]. European Journal of Operational Research, 2009, 196（3）: 987-995.

[155] 王志坚, 韩伟一, 李一军. 具有多条最短路径的最短路问题[J]. 哈尔滨工业大学学报, 2010, 42（9）: 1428-1431.

[156] ROPKE S, PISINGER D. An adaptive large neighborhood search

heuristic for the pickup and delivery problem with time windows[J]. Transportation Science, 2006, 40(4): 455-484.

[157] PISINGER D, ROPKE S. A general heuristic for vehicle routing problems[J]. Computers & Operations Research, 2007, 34(8): 2403-2435.

[158] AKSEN D, KAYA O, SIBEL SALMAN F, et al. An adaptive large neighborhood search algorithm for a selective and periodic inventory routing problem[J]. European Journal of Operational Research, 2014, 239(2): 413-426.

[159] LI X, MA J, CUI J, et al. Design framework of large-scale one-way electric vehicle sharing systems: a continuum approximation model[J]. Transportation Research Part B Methodological, 2016, 88: 21-45.

[160] JIAN L, PARDALOS P M, HAO S, et al. Iterated local search embedded adaptive neighborhood selection approach for the multi-depot vehicle routing problem with simultaneous deliveries and pickups[J]. Expert Systems with Applications, 2015, 42(7): 3551-3561.

[161] RIVERA J C, AFSAR H M, PRINS C. A multistart iterated local search for the multitrip cumulative capacitated vehicle routing problem[J]. Computational Optimization and Applications, 2015, 61(1): 159-187.

[162] DONG X, CHEN P, HUANG H, et al. A multi-restart iterated local search algorithm for the permutation flow shop problem minimizing total flow time[J]. Computers & Operations Research, 2013, 40(2): 627-632.

[163] SALEHIPOUR A, RENSEN K S, GOOS P, et al. Efficient GRASP+VND and GRASP+VNS metaheuristics for the traveling repairman problem[J]. 2011, 9(2): 189-209.

[164] HANSEN P, MLADENOVI N. Variable neighborhood search: Principles and applications[J]. European Journal of Operational Research, 2001, 130(3): 449-467.

[165] BRIMBERG J, HANSEN P, MLADENOVIC N. Attraction probabilities in variable neighborhood search[J]. 4OR: A Quarterly Journal of Operation Research, 2010, 8(2): 181-194.

[166] POTVIN J Y, ROUSSEAU J M. A parallel route building algorithm for the vehicle routing and scheduling problem with time windows[J]. European Journal of Operational Research, 1993, 66(3): 331-340.

[167] MUELAS S, LATORRE A, PEÑA J. A distributed VNS algorithm for optimizing dial-a-ride problems in large-scale scenarios[J]. Transportation Research Part C: Emerging Technologies, 2015, 54: 110-130.

[168] 南昌市发展和改革委员会. 南昌市出租车运价标准[CP/OL]. (2017-11-28)[2020-8-30]. http://fgw.nc.gov.cn/ncfzggw/cjwt/201811/ef57b95567064346ba5e4dbf3c3a94c6.shtml.

附录 A PD-pair 间和 PD-pair 与车辆间关系的相关参数

PD-pair 间和 PD-pair 与车辆间关系的相关参数如表 A-1 所示。

表 A-1 PD-pair 间和 PD-pair 与车辆间关系的相关参数

图例	模式	$lc_{i,j}^l$	$lc_{i,j}^l$	$ld_{i,j}^l$	$ld_{i,j}^l$	$ct_{i,j}^l$	$ct_{i,j}^l$	$ca_{i,j}^l$	$ca_{i,j}^l$	$cp_{i,j}^l$	$cp_{i,j}^l$	$sa_{i,j,n}^l$	$sa_{j,j,n}^l$
i — p_j — d_j 图 1	I ($l=1$)	L_1	L_2	L_a	L_a	1	1	1	1	0	0	0	0
	II ($l=2$)	0	∞	0	L_a	1	0	0	1	1	0	0	0
	III ($l=3$)	0	∞	0	L_a	0	1	0	0	1	0	0	0
i — $p_i p_j$ — d_j 图 2	I ($l=1$)	L_1	L_2	L_a	L_a	1	1	1	1	0	0	$sa_{i,j,p}^l=1$	$sa_{j,j,p}^l=1$
	II ($l=2$)	0	0	0	0	1	1	0	1	1	1	0	0
	III ($l=3$)	L_2	∞	L_a	L_a	1	0	1	0	0	1	0	0
i — p_i — $d_i d_j$ 图 3	I ($l=1$)	L_1	L_2	L_a	L_a	1	1	1	1	0	0	$sa_{i,j,d}^l=1$	$sa_{j,j,d}^l=1$
	II ($l=2$)	0	∞	0	L_a	1	0	0	1	1	0	0	0
	III ($l=3$)	0	0	0	0	0	0	1	1	1	1	0	0
i/j — $p_i p_j$ — $d_i d_j$ 图 4	I ($l=1$)	L_1/L_2	L_a	L_a	L_a	1	1	1	1	0	0	$sa_{i,j,p}^l=1$	$sa_{j,j,p}^l=1$
	II ($l=2$)	0	0	0	0	1	1	0	1	1	1	0	0
	III ($l=3$)	0	0	0	0	0	0	1	1	1	1	0	0

附录 A　PD-pair 间和 PD-pair 与车辆间关系的相关参数

续表

图例	模式	$lc^l_{i,j}$	$lc^l_{j,i}$	$la^l_{i,j}$	$la^l_{j,i}$	$ct^l_{i,j}$	$ct^l_{j,i}$	$ca^l_{i,j}$	$ca^l_{j,i}$	$cp^l_{i,j}$	$cp^l_{j,i}$	$sa^l_{i,j,n}$	$sa^l_{j,i,n}$
$i \to p_j \to d_j \to p_i$（$L_1, L_2$）	I ($l=1$)	L_1	L_2	0	0	1	1	1	1	0	0	0	0
	II ($l=2$)	L_1	L_1	0	0	1	1	1	1	0	0	0	0
	III ($l=3$)	∞	∞	0	0	0	0	0	0	0	0	0	0
$i \to p_j \to d_j$（L_1, L_2）	I ($l=1$)	L_1	0	0	0	1	1	1	1	0	0	$sa^1_{i,j,d}=1$	0
	II ($l=2$)	L_1	0	0	0	1	0	1	0	0	0	$sa^2_{i,j,d}=1$	0
	III ($l=3$)	∞	∞	0	0	0	0	0	0	0	0	0	0
$i \to p_j/d_j$（L_1, L_2）	I ($l=1$)	0	L_2	0	0	1	1	1	1	0	0	0	$sa^1_{j,i,d}=1$
	II ($l=2$)	0	L_2	0	0	0	1	0	1	0	0	0	$sa^2_{j,i,d}=1$
	III ($l=3$)	∞	∞	0	0	0	0	0	0	0	0	0	0
$i \to p_j/d_j$（L_1, L_2）	I ($l=1$)	0	0	0	0	1	1	1	1	0	0	$sa^1_{i,j,p}=1$	0
	II ($l=2$)	0	0	0	0	1	0	1	0	0	0	$sa^2_{i,j,p}=1$	0
	III ($l=3$)	∞	∞	0	0	0	0	0	0	0	0	0	0
$p_j/d_j \to i \to d_j$（L_1, L_a, L_2）	I ($l=1$)	L_1	L_2	L_a	L_a	1	1	1	1	1	1	0	0
	II ($l=2$)	0	0	0	0	0	0	0	0	1	1	0	0
	III ($l=3$)	0	0	0	0	0	0	0	0	1	1	0	0

图例	模式	$lc^l_{i,j}$	$lc^l_{j,i}$	$la^l_{i,j}$	$la^l_{j,i}$	$ct^l_{i,j}$	$ct^l_{j,i}$	$ca^l_{i,j}$	$ca^l_{j,i}$	$cp^l_{i,j}$	$cp^l_{j,i}$	$sa^l_{i,j,n}$	$sa^l_{j,i,n}$
	I ($l=1$)	L_1	L_2	0	0	1	1	1	1	0	0	0	0
	II ($l=2$)	L_1	L_1	0	0	1	1	1	1	0	0	0	0
	III ($l=3$)	∞	∞	0	0	0	0	0	0	0	0	0	0
	I ($l=1$)	L_1	L_2	L_a	L_a	1	0	1	1	0	0	0	0
	II ($l=2$)	∞	0	0	0	0	1	0	0	0	1	0	0
	III ($l=3$)	∞	0	0	0	0	1	1	1	0	1	0	0
	I ($l=1$)	L_1	L_2	0	0	1	1	1	1	0	0	$sa^1_{i,j,d}=1$	$sa^1_{j,i,d}=1$
	II ($l=2$)	L_1	∞	0	0	1	1	1	1	0	0	$sa^2_{i,j,d}=1$	$sa^2_{j,i,d}=1$
	III ($l=3$)	∞	L_2	0	0	1	1	1	0	0	0	0	0
	I ($l=1$)	L_1	L_2	0	0	1	1	1	1	0	0	$sa^1_{i,j,p}=1$	$sa^1_{j,i,p}=1$
	II ($l=2$)	L_1	L_2	0	0	1	1	1	0	0	0	$sa^2_{i,j,p}=1$	$sa^2_{j,i,p}=1$
	III ($l=3$)	∞	∞	0	0	0	0	0	0	0	0	0	0

附录 A　PD-pair 间和 PD-pair 与车辆间关系的相关参数

续表

图例	模式	$lc_{i,j}^l$	$lc_{i,j}^l$	$la_{i,j}^l$	$la_{i,j}^l$	$ct_{i,j}^l$	$ct_{i,j}^l$	$ca_{i,j}^l$	$ca_{i,j}^l$	$cp_{i,j}^l$	$cp_{i,j}^l$	$sa_{i,j,n}^l$	$sa_{j,i,d}^l$
(图1)	Ⅰ ($l=1$)	0	L_2	0	0	1	1	1	1	0	0	0	$sa_{j,i,d}^l=1$
	Ⅱ ($l=2$)	0	∞	0	0	0	1	1	0	0	0	0	0
	Ⅲ ($l=3$)	0	∞	0	0	1	0	1	0	0	0	0	0
(图2)	Ⅰ ($l=1$)	L_1	L_2	L_a	L_a	1	1	1	1	1	0	0	0
	Ⅱ ($l=2$)	L_1	∞	0	L_a	0	1	1	0	1	0	0	0
	Ⅲ ($l=3$)	0	∞	L_a	L_a	1	0	1	0	0	0	0	0
(图3)	Ⅰ ($l=1$)	L_1	L_2	L_a	L_a	0	1	0	1	0	0	$sa_{i,j,p}^1=1$	$sa_{i,j,p}^1=1$
	Ⅱ ($l=2$)	L_1	L_2	L_a	L_a	1	1	1	1	0	0	$sa_{i,j,p}^2=1$	$sa_{i,j,p}^2=1$
	Ⅲ ($l=3$)	∞	∞	0	0	0	0	0	0	0	0	0	0
(图4)	Ⅰ ($l=1$)	L_1	L_2	0	0	1	1	1	1	0	0	0	0
	Ⅱ ($l=2$)	L_1	L_2	0	0	0	1	1	0	0	0	0	0
	Ⅲ ($l=3$)	∞	∞	0	0	0	1	0	0	0	0	0	0

图例	模式	$lc^1_{i,j}$	$lc^2_{i,j}$	$ld^1_{i,j}$	$ld^2_{i,j}$	$ct^1_{i,j}$	$ct^2_{i,j}$	$cd^1_{i,j}$	$cd^2_{i,j}$	$cp^1_{i,j}$	$cp^2_{i,j}$	$sa^l_{i,j,d}$	$sa^l_{j,j,n}$
(图1)	Ⅰ ($l=1$)	0	L_2	0	0	1	1	1	1	0	0	0	$sa^1_{j,j,d}=1$
	Ⅱ ($l=2$)	0	L_2	0	0	1	1	1	1	0	0	0	$sa^2_{j,j,d}=1$
	Ⅲ ($l=3$)	∞	∞	0	0	0	0	0	0	0	0	0	0
(图2)	Ⅰ ($l=1$)	L_1	L_2	0	0	1	1	1	1	0	0	0	0
	Ⅱ ($l=2$)	L_1	L_2	0	0	1	1	1	1	0	0	0	0
	Ⅲ ($l=3$)	∞	∞	0	0	0	0	0	0	0	0	0	0
(图3)	Ⅰ ($l=1$)	L_1	L_2	L_a	L_a	1	1	1	1	0	0	0	0
	Ⅱ ($l=2$)	L_1	L_2	L_a	L_a	1	1	1	1	0	0	0	0
	Ⅲ ($l=3$)	∞	∞	0	0	0	0	0	0	0	0	0	0
(图4)	Ⅰ ($l=1$)	L_1	L_2	L_a	L_a	1	1	1	0	1	0	$sa^1_{i,j,d}=1$	$sa^1_{j,j,d}=1$
	Ⅱ ($l=2$)	L_1	L_2	0	0	1	1	0	1	1	0	$sa^2_{i,j,d}=1$	$sa^2_{j,j,d}=1$
	Ⅲ ($l=3$)	∞	∞	0	0	0	0	0	0	0	0	0	0

附录 A PD-pair 间和 PD-pair 与车辆间关系的相关参数

续表

图例	模式	$lc^l_{i,j}$	$lc^l_{j,i}$	$ld^l_{i,j}$	$ld^l_{j,i}$	$ct^l_{i,j}$	$ct^l_{j,i}$	$ca^l_{i,j}$	$ca^l_{j,i}$	$cp^l_{i,j}$	$cp^l_{j,i}$	$sa^l_{i,j,n}$	$sa^l_{j,i,n}$
(图1)	I ($l=1$)	L_1	L_2	0	0	1	1	1	1	0	0	0	0
	II ($l=2$)	L_1	L_2	0	0	1	1	1	1	0	0	0	0
	III ($l=3$)	L_1	L_2	0	0	1	1	1	1	0	0	0	0
(图2)	I ($l=1$)	L_1	L_2	0	0	1	1	1	1	0	0	0	0
	II ($l=2$)	L_1	L_2	L_a	L_a	1	1	1	1	0	0	0	0
	III ($l=3$)	∞	∞	L_a	L_a	0	0	0	0	0	0	0	0
(图3)	I ($l=1$)	L_1	∞	0	0	0	0	1	0	0	0	0	0
	II ($l=2$)	L_1	∞	0	0	0	1	1	0	0	0	0	0
	III ($l=3$)	L_1	∞	0	0	0	1	1	0	0	0	0	0
(图4)	I ($l=1$)	0	∞	0	0	0	1	0	0	0	0	0	0
	II ($l=2$)	0	∞	0	0	1	1	0	0	0	0	0	0
	III ($l=3$)	L_1	∞	0	0	0	1	1	0	0	0	0	0

附录 B OPDPST 和 OPDPSTCP 算例数据

网址：

https://www.researchgate.net/publication/343879450_fuluB--OPDPSTheOPDPSTCP suanlishuju

（1）OPDPST 算例数据（matlab 格式）。

（2）OPDPSTCP 算例数据（matlab 格式）。

附录 C　路径结构可行规则相关理论证明

1. 定理 5-1 的证明

证明：

➢ 充分性

如果 PD-pair k 能和路径 m 上的所有 PD-pair 依路径结构合并，依据第 5.3.3 节中的路径构造方法，PD-pair k 能依路径结构插入路径 m 可分 3 种情况证明：

情形 1：插入点 r_i 和 r_j 都能被找到。

因为 $l_{r_i,r_{i+1}} = l_{r_i,p_k} + l_{p_k,r_{i+1}}$ 且 $l_{r_j,r_{j+1}} = l_{r_j,d_k} + l_{d_k,r_{j+1}}$，因此 $r_i—p_k—r_{i+1}$ 和 $r_j—d_k—r_{j+1}$ 都是最短路径，新路径 m' 的路径结构可分为两种：$R'_m(r_1\cdots r_i—p_k—r_{i+1}\cdots r_j—d_k—r_{j+1}\cdots r_n)$ 和 $R'_m(r_1\cdots r_i—p_k—d_k—r_{i+1}\cdots r_n)$。

（1）如果新路径 m' 的结构为 $R'_m(r_1\cdots r_i—p_k—r_{i+1}\cdots r_j—d_k—r_{j+1}\cdots r_n)$，即 p_k 和 d_k 间有不少于 1 个点。令 $Z_1=\{r_1,\cdots,r_i\}$，$Z_2=\{r_{i+1},\cdots,r_j\}$ 和 $Z_3=\{r_{j+1},\cdots,r_n\}$。显然路径 m 中的每个 PD-pair 能经过 $R'_m(r_1\cdots r_i—p_k—r_{i+1}\cdots r_j—d_k—r_{j+1}\cdots r_n)$ 被最短路运输，因为 $l_{r_i,r_{i+1}} = l_{r_i,p_k} + l_{p_k,r_{i+1}}$ 且 $l_{r_j,r_{j+1}} = l_{r_j,d_k} + l_{d_k,r_{j+1}}$。因为任意 PD-pair $r_s—r_t$ 均能和 PD-pair k 合并：

如果 $r_s \in Z_1$，$r_t \in Z_2$，那么 r_t 在唯一路径 $p_k—r_t—d_k$；

如果 $r_s \in Z_2$，$r_t \in Z_2$，那么 r_s 和 r_t 均在唯一路径 $p_k—r_s—r_t—d_k$；

如果 $r_s \in Z_2$，$r_t \in Z_3$，那么 r_s 在唯一路径 $p_k—r_s—d_k$。

综上，PD-pair k 和原路径上的所有 PD-pair 均能通过 $R'_m(r_1\cdots r_i—p_k—r_{i+1}\cdots r_j—d_k—r_{j+1}\cdots r_n)$ 被最短路运输，因此新路径 m' 是结构可行的，即 PD-pair k 可以依路径结构插入路径 m。

（2）如果新路径 m' 的结构为 $R'_m(r_1\cdots r_i—p_k—d_k—r_{i+1}\cdots r_n)$，显然 PD-pair k 和原路径上的所有 PD-pair 均能通过 $R'_m(r_1\cdots r_i—p_k—r_{i+1}\cdots r_j—d_k—r_{j+1}\cdots r_n)$ 被最短路运输，因此新路径 m' 是结构可行的，即 PD-pair k 可以依路径结构插入路径 m。

情形 2：只有一个插入点 r_i 或 r_j 能被找到。

新路径 m' 的路径结构可分为两种：$R'_m(r_1 \cdots r_i - p_k - r_{i+1} \cdots r_n - d_k)$ 和 $R'_m(p_k - r_1 \cdots r_j - d_k - r_{j+1} \cdots r_n)$。

（1）如果新路径 m' 的结构为 $R'_m(r_1 \cdots r_i - p_k - r_{i+1} \cdots r_n - d_k)$，即 p_k 和 d_k 间有不少于 1 个点。令 $Z_1 = \{r_1, \cdots, r_i\}$ 和 $Z_2 = \{r_{i+1}, \cdots, r_n\}$。显然原路径 m 中的所有 PD-pair 也能通过 $R'_m(r_1 \cdots r_i - p_k - r_{i+1} \cdots r_n - d_k)$ 被最短路运输，因为 $l_{r_i, r_{i+1}} = l_{r_i, p_k} + l_{p_k, r_{i+1}}$。因为任意 PD-pair $r_s - r_t$ 均能和 PD-pair k 合并：

如果 $r_s \in Z_1$，$r_t \in Z_2$，那么 r_t 在唯一路径 $p_k - r_t - d_k$；

如果 $r_s \in Z_2$，$r_t \in Z_2$，那么 r_s 和 r_t 均存在唯一路径 $p_k - r_s - r_t - d_k$。

综上，PD-pair k 和原路径上的所有 PD-pair 均能通过 $R'_m(r_1 \cdots r_i - p_k - r_{i+1} \cdots r_n - d_k)$ 被最短路运输，因此新路径 m' 是结构可行的，即 PD-pair k 可以依路径结构插入路径 m。

（2）如果新路径 m' 的结构为 $R'_m(p_k - r_1 \cdots r_j - d_k - r_{j+1} \cdots r_n)$，即 p_k 和 d_k 间有不少于 1 个点。令 $Z_1 = \{r_1, \cdots, r_j\}$ 和 $Z_2 = \{r_{j+1}, \cdots, r_n\}$。显然原路径 m 中的所有 PD-pair 也能通过 $R'_m(p_k - r_1 \cdots r_j - d_k - r_{j+1} \cdots r_n)$ 被最短路运输，因为 $l_{r_j, r_{j+1}} = l_{r_j, d_k} + l_{d_k, r_{j+1}}$。因为任意 PD-pair $r_s - r_t$ 均能和 PD-pair k 合并：

如果 $r_s \in Z_1$，$r_t \in Z_1$，那么 r_t 和 r_s 均在在唯一路径 $p_k - r_s - r_t - d_k$；

如果 $r_s \in Z_1$，$r_t \in Z_2$，那么 r_t 在唯一路径 $p_k - r_t - d_k$。

综上，PD-pair k 和原路径上的所有 PD-pair 均能通过 $R'_m(p_k - r_1 \cdots r_j - d_k - r_{j+1} \cdots r_n)$ 被最短路运输，因此新路径 m' 是结构可行的，即 PD-pair k 可以依路径结构插入路径 m。

情形 3：r_i 和 r_j 均找不到。

新路径 m' 的路径结构可分为 3 种：$R'_m(p_k - d_k - r_1 \cdots r_n)$，$R'_m(r_1 \cdots r_n - p_k - d_k)$ 和 $R'_m(p_k - r_1 \cdots r_n - d_k)$。

对于前两种路径结构，$path(r_1 \cdots r_n)$ 的结构没有改变，因为 PD-pair k 能和 PD-pair $r_s - r_t$（$r_s, r_t \in \{r_1, \cdots, r_n\}$）依路径结构合并，且 PD-pair k 和原路径上的所有 PD-pair 均能被新路径经最短路运输，因此路径 m' 是结构可行的，即 PD-pair k 可以依路径结构插入路径 m。

第三种路径结构在情形 1 中有证明。

> ➢ 必要性

如果任意 PD-pair 不能和路径 m 中的 PD-pair k 依路径结构合并,显然该 PD-pair 不能插入路径 m。

证毕。

2. 推论 5-3 的证明

证明:

因为 PD-pair i($i \in P$)能相互依路径结构合并,将 PD-pair i_1($i_1 \in P$)看作路径 R_1,因此 PD-pair i_2($i_2 \in P$)能依路径结构插入路径 R_1 并形成新的路径 R_2。显然,依照定理 5-1 可知,PD-pair i_3 能依路径结构插入路径 R_2。如此往复,最终得到有所有 PD-pair 组成的新路径 R_m。

证毕。

附录 D VND，VNS，MS_VND 和 MS_VNS 的算法参数标定

1. MS_VND 的参数设置

首先，MS_VND 的参数经算例试算并平衡了算法的时效性。其次，每个参数测试时其他参数固定设置为表 D-1 中的初始值。测试的算例见表 D-2，针对每个参数每个算例测试了 3 次取平均值。由此得到 MS_VND 最终的参数设置值见表 D-3，其中 num_pd_pairs 为 pd-pairs 的数量。

表 D-1 MS_VND 的初始算法参数设置

符号	含义	值
n	多起点候选解集的规模	90
$constant\_T$	解不改进算法终止总迭代次数	$constant\_T=$ $\exp(-20/(2+num\_pd\_pairs))\times 500$
T_0	邻域选择控制参数	50
K	Spread 内循环次数控制值	3
p_k	Perturbation 选择邻域组合的概率	2/7, 2/7, 1/7, 1/7, 1/7 分别为 Insert，Spread，Point-delete，Rout-delete 和 Reassign-vehicle 的概率
p_m	候选解集中最差解的替换比例	1/8

表 D-2 测试算例

算例	PD-pair 数	车数
10-10-10-50-1-1	188	188
10-10-10-200-3-1	45	15
10-10-10-500-1-1	20	20
6-8-10-10-10-4	258	26
6-8-10-25-3-4	90	30

附录D VND,VNS,MS_VND和MS_VNS的算法参数标定

续表

算例	PD-pair 数	车数
6-8-10-50-10-4	30	3
3-4-10-1-10-4	132	14
3-4-10-3-3-4	43	15
3-4-10-5-1-1	25	25

表 D-3 MS_VND 的最终算法参数设置

符号	含义	值
-	邻域变换的选择顺序	Insert, Spread, Point-delete, Route-delete, Perturbation
n	多起点候选解集的规模	90
$constant\_T$	解不改进算法终止总迭代次数	$constant\_T = \exp(-20/(2+num\_pd\_pairs)) \times 700$
T_0	邻域选择控制参数	20
K	Spread 内循环次数控制值	3
p_k	Perturbation 选择邻域组合的概率	Insert, Spread, Point-delete, Rout-delete 和 Reassign-vehicle 的概率分别为 9/24, 7/24, 1/24, 1/24 和 6/24
pm	候选解集中差解替换比例	1/8

6 种测试指标如表 D-4 所示。

表 D-4 参数说明

参数	定义	选择顺序	p_k	n	pm	T_0	$constant\_T$
平均改进比例	平均改进次数÷平均操作次数/%	√					
平均改进时效	平均改进次数÷平均 CPU 时间/(次/s)	√					
归一化的解	每个算例的解÷不同参数所得的最大解(0~1)		√	√	√	√	√
平均解	不同参数所得的平均解		√	√	√	√	√

续表

参数	定义	选择顺序	p_k	n	pm	T_0	constant_T
平均计算时效	平均解÷不同参数所耗平均计算时间/（1/s）		√	√	√	√	√
平均计算时间	不同参数所耗平均计算时间/s		√	√	√	√	√

测试结果如下：

（1）邻域变换方法选择次序和概率 p_k 的测试。

图 D-1 列出了 4 种邻域方法单独求解的表现情况。其中平均改进效率为各邻域方法使得解改进次数占邻域操作次数的比例（%），平均改进时效为各邻域方法每秒改进解的次数（次/s）。

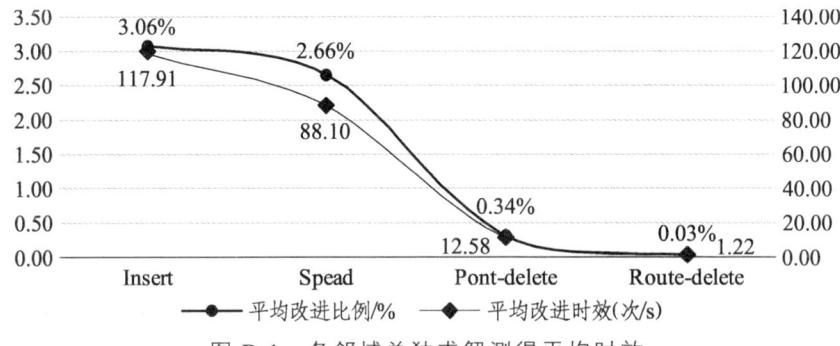

图 D-1　各邻域单独求解测得平均时效

根据图 D-1 可得邻域变换方法选择顺序为：Insert、Spread、Point-delete、Route-delete，Perturbation 中的邻域变换方法选择概率为 9∶7∶1∶1。

图 D-2 列出了表 D-1 参数设置条件下 MS_VND 中 5 种领域变换方法的表现情况。结果 Reassign-vehicle 显示耗费了较多的计算时间。因此，4 种启发式算法中邻域变换方法的选择顺序为 Insert、Spread、Point-delete、Route-delete、Perturbation，Reassign-vehicle 的选择概率将单独测试。

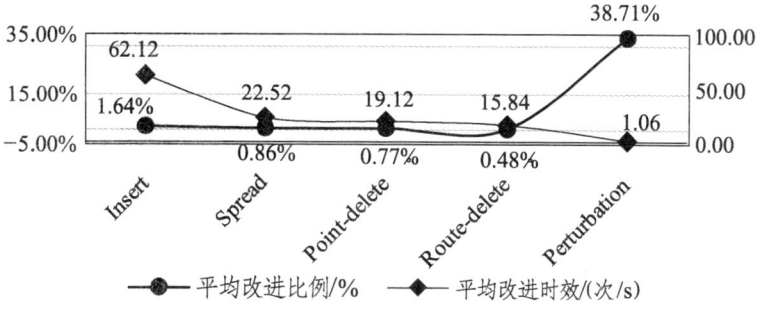

图 D-2　各邻域混合求解测得平均时效

为保持 Insert，Spread，Point-delete 和 Route-delete 的选择概率为 9∶7∶1∶1，MS_VND 中 Reassign-vehicle 的选择概率设置为 0（0/18），1/19（1/1+18），…，9/27（9/9+18），保持其他参数不变（如表 D-3 所示），MS_VND 采用不同选择概率 p_k 设置均通过 9 个算例进行了测试 3 次，所得结果如图 D-3～图 D-6 所示：

图 D-3　MS_VND 的归一化的解——p_k

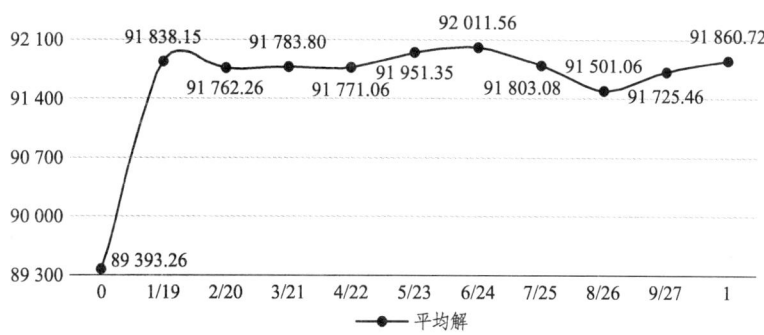

图 D-4　MS_VND 的平均解——p_k

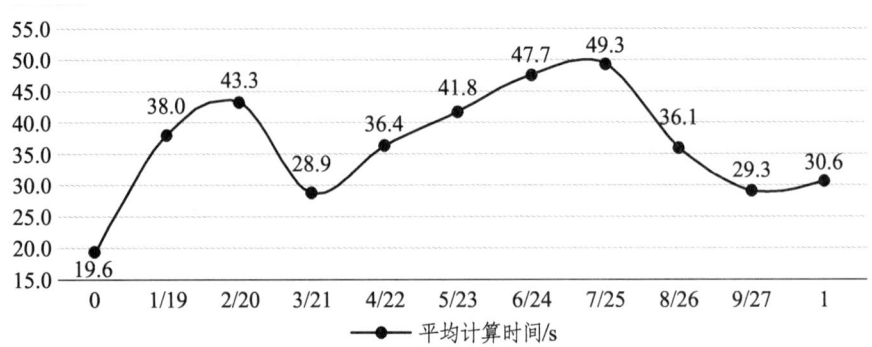

图 D-5　MS_VND 的平均计算时间——p_k

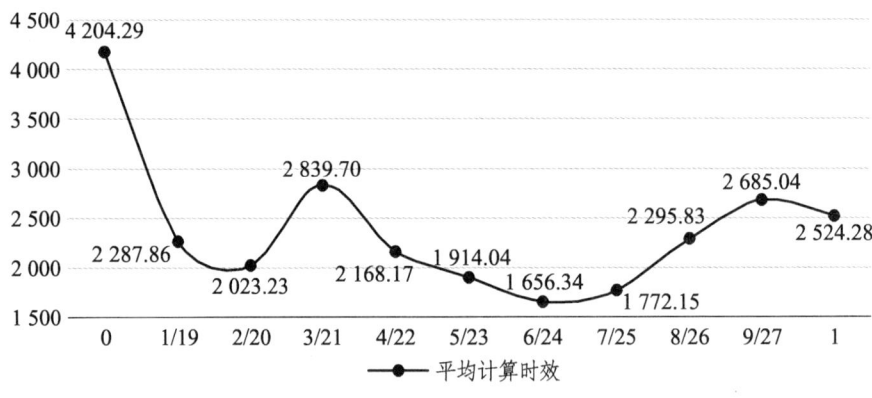

图 D-6　MS_VND 的平均计算时效——p_k

由图 D-3～图 D-6 可知，p_k=6/24 且其他参数固定时算法能不耗费太多计算时间得到最好的解。因此本书的算法 MS_VND 中设置 p_k=6/24。

（2）n 的测试。

同上设置 n=1，10，30，60，90，120，150，180，210 且其他参数设置为表 D-3 中数值，MS_VND 采用不同 n 的设置均通过 9 个算例进行了测试 3 次，所得结果如图 D-7～图 D-10 所示：

图 D-7　归一化的解——MS_VND 中 n 的测试

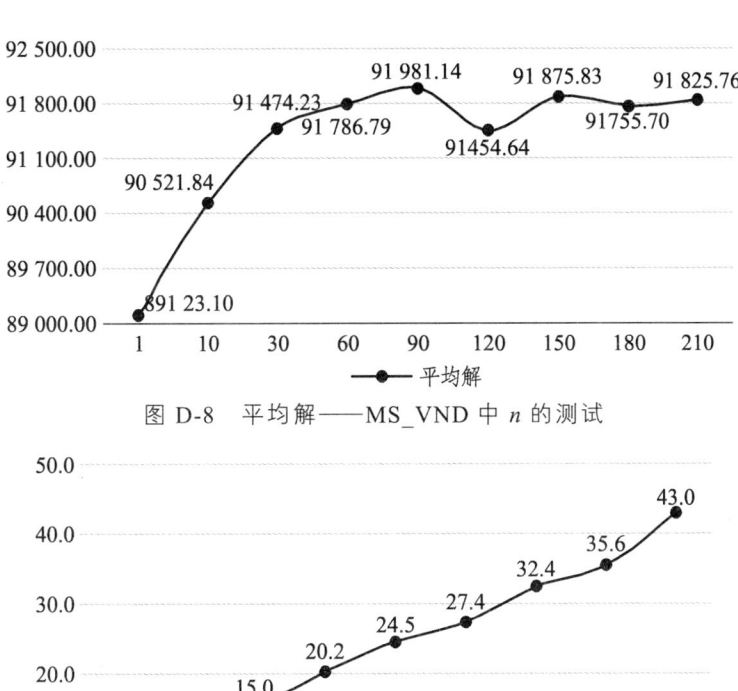

图 D-8 平均解——MS_VND 中 n 的测试

图 D-9 平均计算时间——MS_VND 中 n 的测试

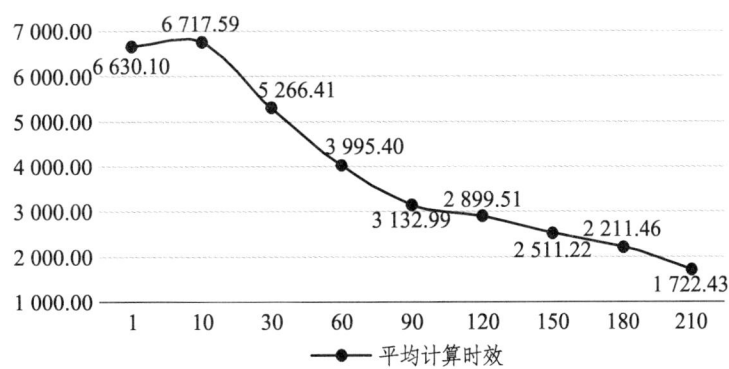

图 D-10 平均计算时效——MS_VND 中 n 的测试

由 D-7~图 D-10 可知，$n=90$ 且其他参数固定时算法能不耗费太多计算时间得到最好的解。因此本书的算法 MS_VND 中设置 $n=90$。

（3） *pm* 的测试。

同上设置 *pm*=0，1/64，1/32，1/16，1/8，1/4，1/3，1/2，1 且其他参数设置为表 D-3 中数值，MS_VND 采用不同 *pm* 的设置均通过 9 个算例进行了测试 3 次，所得结果如图 D-11 ~ 图 D-14 所示：

图 D-11　MS_VND 的归一化的解——*pm*

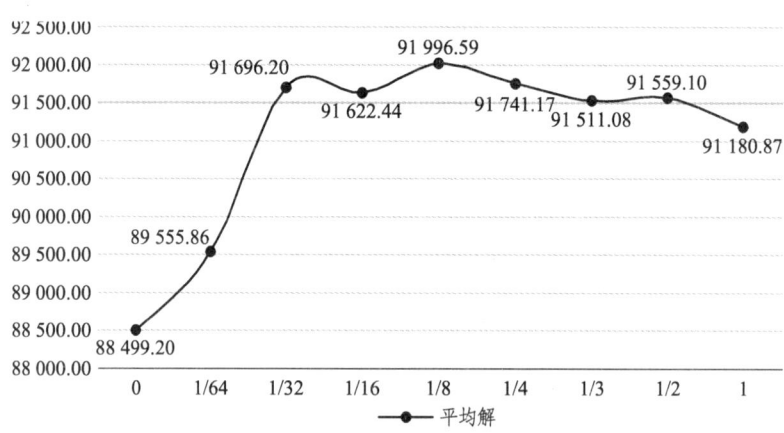

图 D-12　MS_VND 的平均解——*pm*

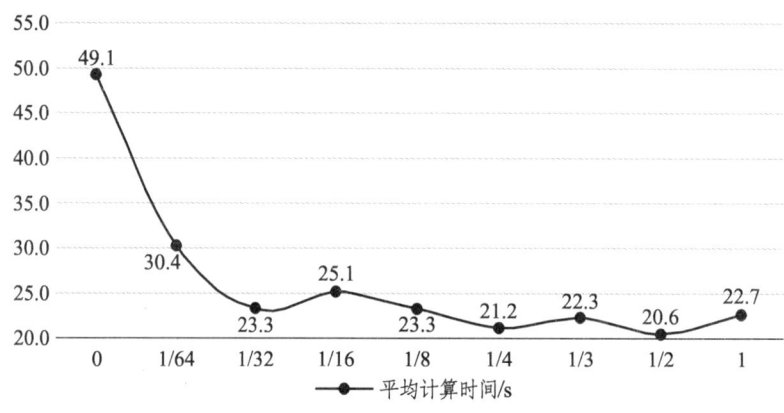

图 D-13　MS_VND 的平均计算时间——*pm*

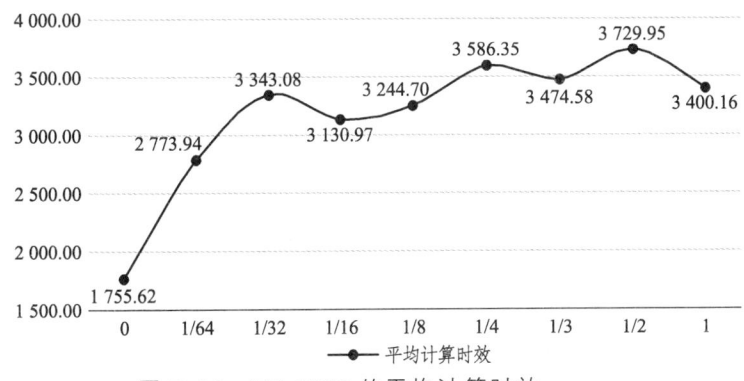

图 D-14　MS_VND 的平均计算时效——pm

由 D-11～图 D-14 可知，$pm=1/8$ 且其他参数固定时算法能不耗费太多计算时间得到最好的解。因此本书的算法 MS_VND 中设置 $pm=1/8$。

（4）T_0 的测试。

同上设置 $T_0=1$，3，5，7，10，15，20，30，50，100 和 150 且其他参数设置为表 D-3 中数值，MS_VND 采用不同 T_0 的设置均通过 9 个算例进行了测试 3 次，所得结果如图 D-15～图 D-18 所示：

图 D-15　MS_VND 的归一化的解——T_0

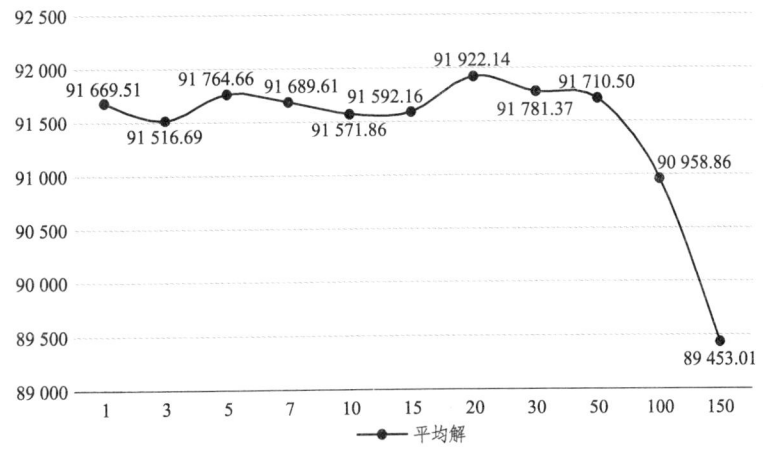

图 D-16　MS_VND 的平均解——T_0

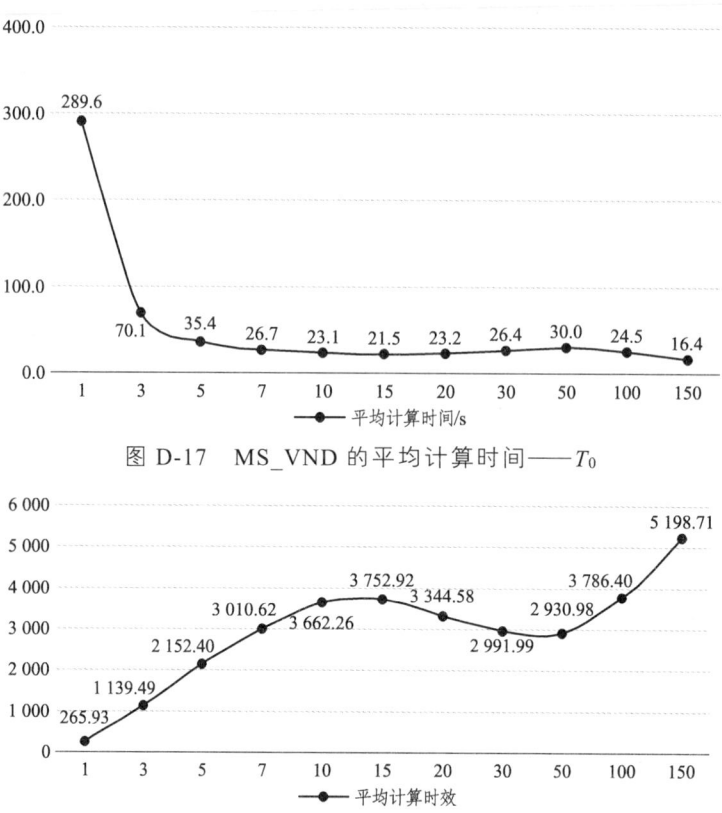

图 D-17　MS_VND 的平均计算时间——T_0

图 D-18　MS_VND 的平均计算时效——T_0

由 D-15～图 D-18 可知，$T_0=20$ 且其他参数固定时算法能不耗费太多计算时间得到最好的解。因此本书的算法 MS_VND 中设置 $T_0=20$。

（5）constant_T 的测试。

同上设置 $constant\_T=\exp(20\ /(2+num\_pd\_pairs))\times 100$，200，300，400，500，600，700，800，900，1 000 和 1 100 且其他参数设置为表 D-3 中数值，MS_VND 采用不同 constant_T 的设置均通过 9 个算例进行了测试 3 次，所得结果如图 D-19～图 D-22 所示：

图 D-19　MS_VND 的归一化的解——constant_T

附录 D VND，VNS，MS_VND 和 MS_VNS 的算法参数标定

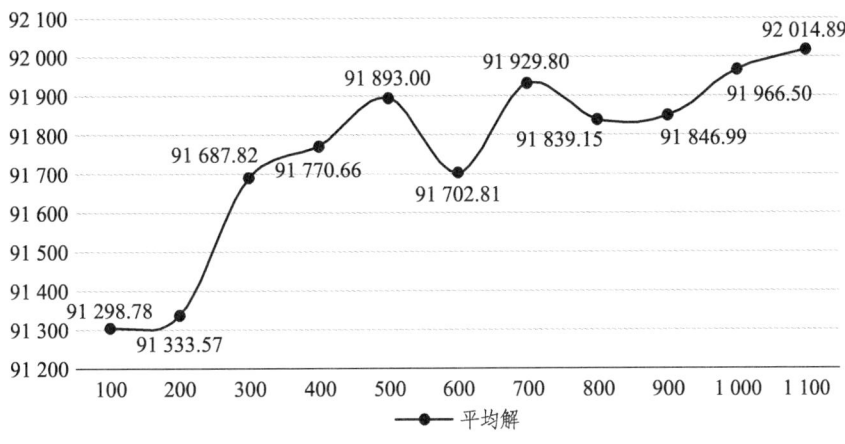

图 D-20 MS_VND 的平均解——$constant\_T$

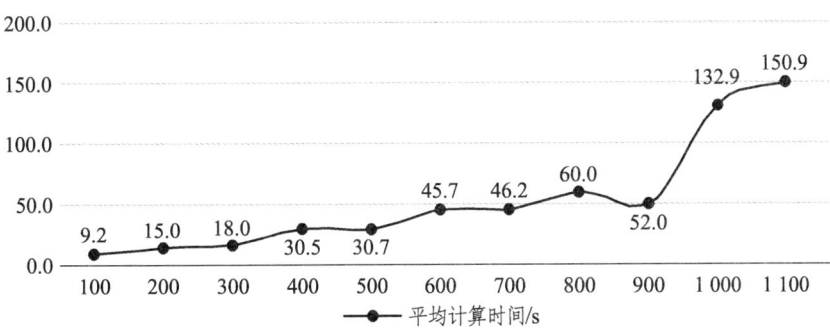

图 D-21 MS_VND 的平均计算时间——$constant\_T$

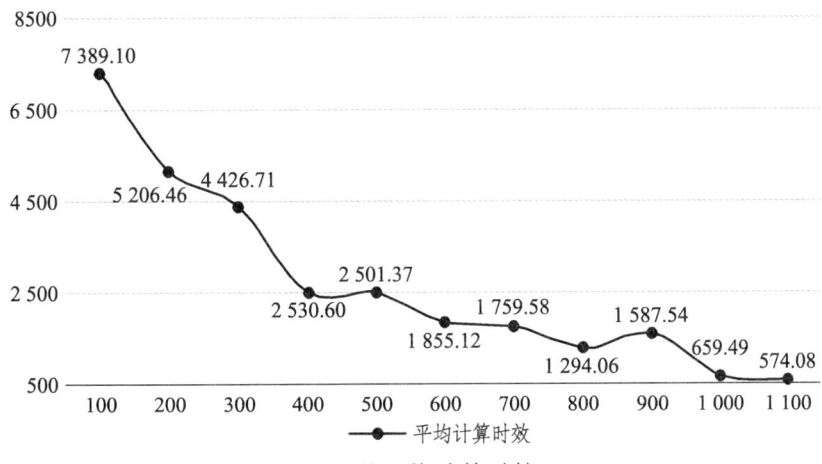

图 D-22 MS_VND 的平均计算时效——$constant\_T$

由 D-19～图 D-22 可知，$constant\_T=\exp(20/(2+num\_pd\_pairs))\times 700$ 且其他参数固定时算法能不耗费太多计算时间得到最好的解。因此本书的算法 MS_VND 中设置 $constant\_T=\exp(20/(2+num\_pd\_pairs))\times 700$。

（6）K 的测试。

K 的目的为避免 Spread 中出现过多循环挤占计算时间。测试发现 Spread 中的循环一般不会超过 3 次，因此本书的算法 MS_VND 中设置 $K=3$。

综上，本书的算法 MS_VND 中参数的设置如表 D-3。

2. VND 中的参数设置

为更好地对比各启发式算法的效率，VND 中的相关算法参数设置与 MS_VND 中的算法参数相同。详细参数设置如表 D-5 所示。

表 D-5 VND 的算法参数设置

符号	含义	值
-	邻域变换的选择顺序	Insert/Spread/Point-delete/Route-delete/Perturbation
p_k	Perturbation 选择邻域组合的概率	9/24，7/24，1/24，1/24，6/24 分别为 Insert，Spread，Point-delete，Rout-delete 和 Reassign-vehicle 的概率
T_0	邻域选择控制参数	20
$constant\_T$	解不改进算法终止总迭代次数	$constant\_T=\exp(-20/(2+num\_pd\_pairs))\times 700$
K	Spread 内循环次数控制值	3

3. VNS 中的参数设置

为更好地对比各启发式算法的效率，VNS 中的相关算法参数设置为与 MS_VND 中的算法参数相同。详细参数设置如表 D-6 所示。

附录 D　VND，VNS，MS_VND 和 MS_VNS 的算法参数标定

表 D-6　VNS 的算法参数设置

符号	含义	值
-	邻域变换的选择顺序	Insert/Spread/Point-delete/Route-delete/Perturbation
p_k	Perturbation 选择邻域组合的概率	9/24，7/24，1/24，1/24，6/24 分别为 Insert，Spread，Point-delete，Rout-delete 和 Reassign-vehicle 的概率
$constant\_T$	解不改进算法终止总迭代次数	$constant\_T=$ $\exp(-20/(2+num\_pd\_pairs))\times 700$
K	Spread 内循环次数控制值	3

4. MS_VNS 中的参数设置

为更好地对比各启发式算法的效率，MS_VNS 中的其他相关算法参数设置为与 MS_VND 中的算法参数相同，而 n 则进行单独测试，因为 n 对 MS_VNS 的求解质量和计算时间影响较大。

同上设置 $n=1$，10，30，60，90，120，150，180，210 且其他参数设置为表 D-3 中数值，MS_VNS 采用不同 n 的设置均通过 9 个算例进行了测试 3 次，所得结果如图 D-23 ~ 图 D-26 所示：

图 D-23　MS_VNS 的归一化的解——n

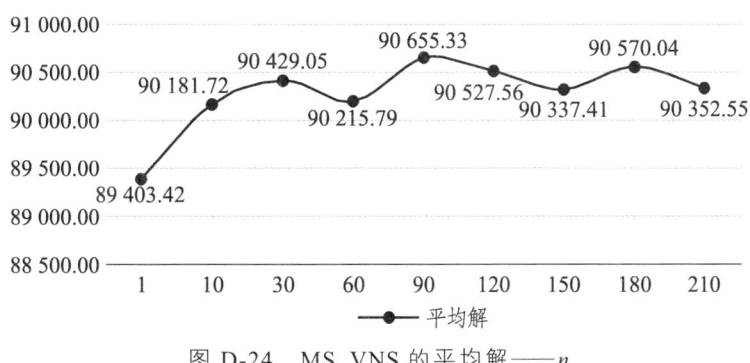

图 D-24　MS_VNS 的平均解——n

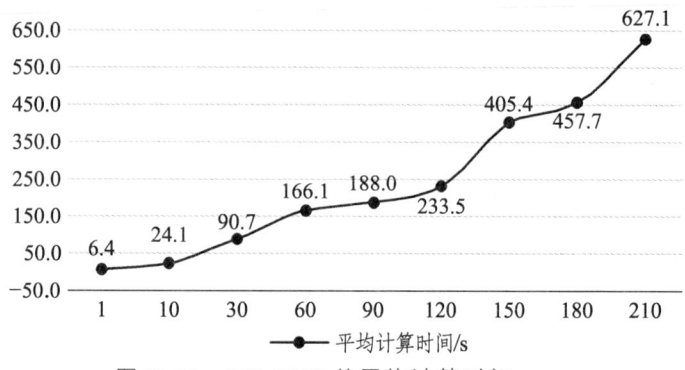

图 D-25 MS_VNS 的平均计算时间——n

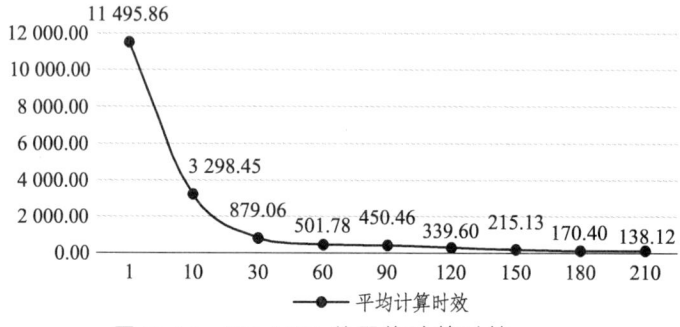

图 D-26 MS_VNS 的平均计算时效——n

由图 D-23～图 D-26 可知，$n=90$ 且其他参数固定时算法能不耗费太多计算时间得到最好的解。因此本书的算法 MS_VNS 中设置 $n=90$。

MS_VNS 的详细参数设置如表 D-7 所示。

表 D-7 MS_VNS 的算法参数设置

符号	含义	值
-	邻域变换的选择顺序	Insert/Spread/Point-delete/Route-delete/Perturbation
p_k	Perturbation 选择邻域组合的概率	9/24、7/24、1/24、1/24、6/24 分别为 Insert、Spread、Point-delete、Rout-delete 和 Reassign-vehicle 的概率
$constant\_T$	解不改进算法终止总迭代次数	$constant\_T=\exp(-20/(2+num\_pd\_pairs))\times 700$
K	Spread 内循环次数控制值	3

附录 E 网约车调度问题案例数据及优化结果

网址：

https://www.researchgate.net/publication/343879718_fuluE--wangyuechediaodufanganshilishujujiyouhuajieguo

（1）案例静态和动态问题初始阶段数据。

（2）静态网约车调度方案优化结果。

（3）动态网约车调度方案优化结果。